做作业磨蹭我有100招

张 霞◎著

天津出版传媒集团

天津科学技术出版社

图书在版编目（CIP）数据

做作业磨蹭我有 100 招 / 张霞著． -- 天津 ： 天津科
学技术出版社， 2024．12． -- ISBN 978-7-5742-2609-8

Ⅰ．G78；G791

中国国家版本馆 CIP 数据核字第 2024YC4260 号

做作业磨蹭我有 100 招
ZUO ZUOYE MOCENG WO YOU 100 ZHAO
责任编辑：吴文博
责任印制：兰　毅
出　　版：天津出版传媒集团
　　　　　天津科学技术出版社
地　　址：天津市西康路 35 号
邮　　编：300051
电　　话：（022）23332377
网　　址：www.tjkjcbs.com.cn
发　　行：新华书店经销
印　　刷：三河市刚利印务有限公司

开本 710×1000　1/16　印张 10　字数 150 000
2024 年 12 月第 1 版第 1 次印刷
定价：49.80 元

孩子回到家就玩手机、看电视，好不容易开始做作业了，又一会儿玩橡皮，一会儿喝水，一会儿去厕所。明明半小时能写完的作业，孩子非要拖到一两个小时才完成，这让一旁辅导作业的父母无可奈何，濒临崩溃。

其实，孩子的拖延和磨蹭未必是故意的，而是由儿童的特性决定的。想要让孩子做作业时不再磨蹭，父母首先要给予孩子更多的理解和尊重，用积极的态度和方法去帮助孩子，让孩子慢慢地养成主动、认真完成作业的好习惯。

相比于作业和书本，手机和电视对孩子的吸引力更大。想避免孩子因为沉迷手机、电视而无心做作业，父母除了要以身作则之外，还可以和孩子一起制定看手机和电视的规则。这样既允许孩子进行适度地娱乐，又能避免孩子因为无节制影响了学习。

孩子做作业拖拉和磨蹭是很常见的情况，主要与孩子注意力不集中、缺乏时间观念等因素有关。父母可以通过专门的游戏和训练帮助孩子提高专注力，在做作业上给孩子一定的自主权，培养孩子学习的自律性，同时给孩子创造一个整洁、安静的学习环境。

孩子做作业不认真，容易出现很多错误，这主要是因为孩子缺乏学习积极性，不懂得科学的做题方法。父母除了教孩子学会正确书写、仔细读题、打草稿和检查的方法外，还要用正面激励的方法提高孩子的学习积极性。

孩子做作业不爱动脑筋，不是找父母求助，就是抄作业或者用手机查答案。想让孩子养成动脑思考问题的好习惯，父母可以通过各种游戏给孩子创造动脑动手的机会，鼓励孩子独立完成作业，引导孩子更加注重解题的过程，而不是结果。

许多孩子没有学习计划性，做作业效率低下，还经常忘记做作业，学习和复习都毫无章法。父母需要引导孩子学会对作业进行规划，帮助孩子做好假期作业和日常作业的时间表，制订符合孩子自身情况的学习计划，并根据计划的执行情况进行复盘和调整。

当孩子对学习没有动力的时候，就不会积极主动地完成作业。父母需要循序渐进地帮助孩子培养内在的驱动力。当孩子不愿意做作业时，父母要多了解孩子行为背后的心理原因和真正动机，采用相对应的方法帮助孩子解决问题，让孩子对学习产生更多自信。

孩子做作业拖拉磨蹭，父母越是催促，孩子就越慢。孩子长大以后，面对父母的催促、唠叨、指责、抱怨，甚至是打骂时，就会产生逆反心理，索性"破罐破摔"。改善这种情况需要父母和孩子的共同努力，尤其是父母要从科学的角度着手，帮助孩子改掉拖延的坏习惯。

本书将孩子在做作业过程中的各种拖延表现，以场景化的方式表现了出来，并且对各种现象进行深入分析，提供了100个具体的方法供父母参考和使用，旨在全方位、多角度地帮助孩子解决做作业磨蹭的问题。希望孩子能够在父母的帮助下，养成良好的学习习惯，提高学习成绩。

CONTENTS 目录

Part 1 手机、电视成瘾，无心写作业，怎么办

Part 2 写作业拖拉磨蹭，怎么办

Part 3

写作业敷衍、错误多，怎么办

Part 4

写作业不愿动脑筋，怎么办

Part 5

写作业没计划、效率差，怎么办

Part 6

写作业没有内驱力，怎么办

手机、电视成瘾，
无心写作业，怎么办

父母看到孩子沉迷手机、电视，无心学习，总是着急又无奈，但是，没收手机、禁止看电视、打骂，这些办法都只会让孩子越来越依赖和渴望手机和电视。想要解决这个问题，需要父母制定相应的规则并进行耐心的引导。

回家就手机不离手，根本不写作业，怎么办

昭昭特别喜欢玩手机，回到家里第一件事情就是看手机，玩游戏、刷视频、跟同学聊天，就是不写作业、不看书。

孩子因为玩手机而耽误了写作业和学习，有的父母会劝说、唠叨孩子，对孩子说教，有的父母则会指责、打骂孩子，甚至是没收孩子的手机。然而，孩子不仅不会听从父母的管教，还会导致家庭矛盾的发生，有的孩子甚至会在情绪激动之下做出不理智的行为。想让孩子放下手机去学习，父母需要先知道孩子为什么喜欢玩手机。

父母的行为影响

有的父母自己就很痴迷于玩手机，在孩子面前也经常看手机。这对于孩子来说是一种很大的影响，孩子看到父母总是在看手机，就会很好奇父母到底在看些什么，也想去看一看。久而久之，孩子也会喜欢上玩手机。尤其是父母因为关注手机而冷落了孩子，这只会让孩子更加沉迷于玩手机。

逃避学习

在孩子还没上学的时候，他们的生活里基本上都是玩耍，可以随心所欲地做任何事情。而一旦上学，孩子就必须学习，写作业。这对于习惯了自由的孩子来说是一种很大的束缚，尤其是刚刚上学的孩子会很不适应。网络、游戏等事物是能够让孩子暂时逃避学习的"牢笼"，所以他们更愿意玩手机，而不愿意去写作业。

追求新鲜感和刺激

手机里有很多新鲜有趣的东西，比如网络小说、游戏。和手机比起来，学习和写作业就显得十分枯燥。孩子正处在好奇心旺盛的阶段，他们很难不被那些新鲜刺激的东西吸引。

父母都知道孩子总看手机不好，想让孩子放下手机，但是苦口婆心地给孩子讲道理，或是用暴力形式管教孩子，都不如用下面的方法去引导孩子。

第1招 给孩子做好榜样

"国民才女"武亦姝在2019年考入了清华大学。其实，她在小学的时候并不爱学习，成绩也不好。考入初中后，她的成绩还不甚理想，父母对此感到很头疼。有一次，武亦姝的爸爸在朋友家时，发现朋友一家每天都会陪着孩子读书。从此，武亦姝的爸爸经常在空余时间陪着武亦姝一起读书，而且武爸爸还对自己有一个很苛刻的要求：每天下午四点半以后务必要关掉手机，专心陪伴孩子。武亦姝的妈妈有空也会陪着武亦姝画画、学习。在父母的陪伴下，武亦姝的学习成绩很快就得到了提高。

在手机的使用上，父母要给孩子做好榜样，在孩子面前减少手机的使用。当孩子在家里，尤其是在写作业时，父母也可以看看书，或是做一些自己的事情。当孩子看到父母在自己面前远离手机的时候，孩子自然会总是想看手机。如果父母一边命令孩子去写作业，一边自己在看手机，孩子只会觉得父母很"双标"，他们会想"大人都可以玩，为什么我不能玩？"从而更加不愿听从父母的管教。

第2招　了解孩子内心的想法和需求

孩子爱玩手机一定是有原因的。与其强硬地命令孩子不许玩手机，父母不如问问孩子认为手机里有什么好玩的，了解孩子对手机里的什么内容感兴趣。父母可以让孩子带着自己一起看一看，与孩子一起感受其中的乐趣。如果孩子对玩游戏感兴趣，父母也可以让孩子带自己一起玩一玩。这样不仅可以减少亲子之间剑拔弩张的情况，还能帮助父母了解孩子内心的想法和需求。

通过这种沟通方式，孩子能够感受到来自父母的理解和尊重，从而生出自我约束的念头，避免过度沉迷手机。

第3招　引导孩子先写作业

如果担心孩子面对手机没有自控力，父母可以引导孩子先写作业再看手机。父母可以和孩子说："我知道，其实你看手机的时候也没有忘记作业这回事，估计你玩手机也玩得也不痛快。与其这样，为什么不把作业写完再看手机呢？这样就没有后顾之忧了。"

当孩子同意先写作业，而且作业完成得很认真时，父母可以适当地给孩子奖励，允许孩子多玩半个小时手机或是陪孩子一起玩游戏等。当孩子的正确行为得到鼓励之后，他们就会不断重复这个行为。

有时间看电视，没时间写作业，怎么办

每天吃完饭后，小博第一件事就是看动画片，妈妈看小博不愿意写作业便提醒他，妈妈一开始说教，小博就满脸地不耐烦。

案例分析

孩子一回到家就迫不及待地打开电视机，看动画片、电视剧、电影。只要父母不阻止孩子，孩子就会一直不停地看下去，把作业抛诸脑后。面对这样的情形，大部分父母会强行关上电视，或是发脾气、对孩子说教。这样做当时管用，后期有可能孩子反而会更沉迷于电视节目，不愿意写作业。

引起孩子内心的抵触

父母对着孩子发脾气，要求孩子立刻关上电视去写作业，这种行为相当于在命令孩子"你必须听我的"。父母想要通过自己的"地位"来给孩子施压，让孩子听自己的话。但是，这明显与孩子内心的想法相悖。孩子在心理上难以接受父母如此施压，所以会表现出不情愿或者是抵触情绪。

增加孩子对电视的痴迷程度

相比起写作业，看电视并不需要孩子花费太多的精力去思考和分析。从趋利避害的角度来看，孩子当然更愿意看电视。父母强行打断孩子看电视，会让孩子更加惦记没看完的内容，父母的说教和逼迫也会让孩子在潜意识里更想去看电视。这样一来，即便孩子被赶到桌子前写作业，也会心不在焉，一直想着电视里的节目。

孩子会和父母对抗

其实，孩子心里知道自己长时间看电视是不对的，但是当他们看到父母生气，听到父母的说教时，就会感到厌烦，甚至碍于面子和父母对抗起来。这导致局面越来越糟糕。

其实，孩子通过看电视也可以增长知识，父母对于孩子看电视不必一味地批判，但是需要适当地限制。父母可以采用下面这些方法防止孩子沉迷于电视。

第4招 限制时间

父母可以和孩子一起制定一个看电视的时间表，明确孩子每天看电视的时长，根据孩子的年龄和日常活动的安排，合理设定每天看电视的时间。比如，年龄小的孩子每天看电视的时间最多30分钟，年龄大的孩子每天看电视的时间不超过1小时。除了限制每天的观看时间，父母还可以设定观看的具体时段，比如可以规定孩子必须在写完作业后才能看电视，到了睡觉的时间孩子必须关上电视。此外，孩子也可以先看电视再写作业，但是设定的时间到了就一定要关上电视。

在周末和假期，父母可以适当放宽孩子看电视的时间。通过和孩子协商，设定一个适当的时间范围，比如适当延长1～2小时，但是要分时段进行。

第5招 培养规则意识

有个孩子是个电视迷。每次到了该关电视的时间，他的爸爸就会用温柔的声音告诉孩子，"时间到了，该关电视了"。开始的时候，孩子会用哭闹来表示反对，爸爸就会说："想要下次再看，现在就必须按时关机，否则，以后就不让你看了。爸爸相信宝贝自己会关机的。"经过一段时间的约束，孩子有了很大的进步。虽然喜欢看电视，但是只要爸爸说时间到了，不能再看了，孩子就不再哭闹，并主动关上电视。

孩子看电视也要讲规则。想要帮助孩子养成正确、合理的看电视习惯，父母就要从小培养孩子的规则意识。到了该关上电视的时候，父母就应该坚持把电视关上。开始时，孩子肯定会哭闹或者要赖，这时父母要坚守规则，不能因为孩子的表现而妥协。经过多次"练习"，孩子就会明白规则是需要遵守的。此外，想让孩子乐于遵守规则，父母还可以利用一些奖惩机制来调动孩子的积极性。

第6招　适度满足愿望

当电视节目正播放到紧要的地方，或是周末、假期等时候，孩子可能会想要再多看一会儿。这时，父母可以适当满足孩子，让孩子看完剩下的部分，或者问孩子："你想看多久？"孩子可能会回答十分钟或是半小时等。这时候，父母可以答应孩子："行，但是你要说话算数。结束了就要关上电视哦。"当孩子的愿望得到了满足，他就更乐意主动关上电视。即便孩子对电视依然恋恋不舍，父母也有理由要求孩子关上电视。

写作业玩手机被没收，大发脾气，怎么办

情景展现

小涵的妈妈没收了小涵的手机，可小涵一哭二闹地不让。为了让妈妈把手机还给她，她威胁妈妈要离家出走。

案例分析

手机被没收后，年纪小的孩子会用哭闹、吼叫、撒泼等方式来表达自己的不满，稍微年长的孩子可能会表现得更极端，出现咬人、打人、摔东西，甚至离家出走的情况。一些平常看起来乖巧的孩子，手机被没收后也会变得很暴躁。

孩子因为失去手机而变得暴躁激动，表面看来是手机的问题，但其实手机并不是原罪，只是一个导火索。把手机换成其他的东西，比如一双球鞋、一款游戏，也同样会出现这样的情况，因为这与孩子不能够控制情绪有关。

大脑发育不成熟

在人类的大脑中，有一个负责做决策、调节压力和控制冲动的区域，叫前额叶皮层。在儿童时期，前额叶皮层发育还不完全，所以年纪越小的孩子，越容易乱发脾气。当父母强行把手机没收，孩子大脑中的杏仁核会立刻产生反应，使孩子出现愤怒的情绪，而不成熟的前额叶皮层却无法有效控制这种冲动，于是孩子就会显示出情绪失控的一面。

以自我为中心

很多孩子在家里备受宠爱，全家人都围着他们转，这些孩子习惯了被迁就、被偏爱，容易以自我为中心。当父母批评、教育他们，阻止他们看手机时，他们就会感觉很愤怒，想要用吵闹的方式让父母"投降"。

孩子有了独立意识

小的时候，面对父母的管教和要求，孩子都会欣然接受。而长大之后，尤其是进入青春期的孩子，慢慢地产生了独立意识。当孩子的想法和父母的想法产生矛盾时，孩子就会出现负面情绪，甚至出现叛逆现象。

坏情绪可以有，但是不能够任由坏情绪泛滥。父母可以用以下这些方法，帮助孩子正确地表达情绪，并且学会正确地使用手机。

第7招 教孩子正确地宣泄情绪

孩子的手机被没收后，出现愤怒、委屈等负面情绪是很正常的事情。这个时候，父母不要去训斥孩子，也不要威胁或用暴力的方式去惩罚孩子。否则，孩子的坏情绪只会被暂时压抑下去，并没有消失，孩子也学不会正确地表达情绪。

孩子有负面情绪的时候，父母可以让他们在自己的房间里，或是去某个安静的角落里先冷静一会儿。等孩子冷静下来以后，父母再鼓励孩子尝试着把刚才的感受讲述出来。表达出来后，孩子的坏情绪可能就会消失了。如果孩子的坏情绪还是没有消除，父母可以教孩子一些调整情绪的方法，比如深呼吸、做一些自己喜欢的事情、跟好朋友聊天、撕废纸、打枕头等，让孩子通过这些活动进一步宣泄情绪。

父母还可以给孩子规定好，生气的时候哪些事情可以做，哪些事情不可以做。同时，父母也要和孩子强调，宣泄情绪的方法有很多种，但前提条件是不能够影响和伤害别人，也不能够伤害自己的身体。

第8招　适当允许孩子玩手机

在现代社会，孩子和手机的接触是无法禁止的，也是完全没有必要的。当父母越是不让孩子玩手机，孩子就越是想玩，越容易沉迷。当父母允许孩子玩时，孩子不仅会感到满足，还不容易沉迷于玩手机。

不过，允许孩子玩手机，也不能让他们无节制地玩。父母可以制定一些使用手机的规则，允许孩子适当地玩手机。这一方面可以减轻拿不到手机时，孩子无法抑制的兴趣和渴望，一方面也能让孩子在手机的使用过程中学会自我管理。

第9招　和孩子一起制定手机的使用规则

关于手机的使用规则，并不一定是一成不变的。父母可以根据孩子的年龄和学习情况，给孩子制定不同程度的手机使用规则，其内容包括使用时间和时长、使用的场合和观看的内容等。如果孩子的年龄比较小，父母就要把使用手机的时长缩短，如果孩子的年龄比较大，父母就可以适当地增加孩子使用手机的时长。在制定规则的时候，父母一定要征求孩子的意见，这样可以增加孩子的参与感。孩子参与了规则的制定，他们就更愿意遵循这些规定。

完成作业就要手机玩，怎么办

每天写完作业，兰兰就找妈妈要手机。妈妈担心她以后会养成"机不离手"的习惯，就想让她干点儿别的，比如看书、画画之类的，可是她都不愿意。

很多孩子都会在写完作业后玩手机，父母对此难免有些担心，害怕孩子过早过多地玩手机，会接触到一些不良的内容，也害怕手机会占用孩子的宝贵时间，所以才想让孩子远离手机。其实，孩子把玩手机当作唯一的消遣方式，大多是因为他们在生活中没有其他事情可做。

缺乏娱乐项目

有些孩子在课余时间里没有任何娱乐项目，或是娱乐项目很有限。再加上现在的孩子大多数都喜欢在家里宅着，很少出去玩。因此，当孩子接触到手机时，就会觉得很好玩，不自觉地就沉迷于玩手机了。

而且，刷手机、玩游戏对孩子而言是一个触手可及、轻松便捷的娱乐方式。玩手机时，孩子几乎不需要付出任何成本，也不需要付出什么努力，只需要动动手指，滑动屏幕，就能够源源不断地得到快乐。由此，孩子自然对别的事物也不再感兴趣了。

缺乏陪伴

有些孩子家里没有兄弟姐妹，离开学校之后也没有同龄人陪伴，父母又常常忙于工作，这就导致了他们经常会感到空虚和无聊。刚开始，孩子玩手机可能只是为了打发自己的空余时间，但是时间长了，孩子就会对手机产生依赖。

缺乏兴趣爱好

学习是孩子很重要的任务，这也导致孩子除了学习，几乎没有任何的业余爱好，生活极其单调无趣。然而，孩子的天性就是爱玩。当孩子在生活中找不到乐趣的时候，就容易把玩手机当作唯一的爱好。

当孩子有很多有趣的活动可以参与时，他们就不会想要玩手机了。有趣的活动并不一定非要外出才行，父母在家里也可以就地取材，和孩子一起玩下面这些游戏。

第10招 增强体能的运动类游戏

易拉罐游戏。家里喝完饮料留下的易拉罐可以变废为宝，让孩子将空的易拉罐当成球练习射门，由此锻炼孩子的专注力和上下肢的协调性。易拉罐还可以被当成套圈游戏的标志物，锻炼孩子手眼协调的能力。

纸箱、纸盒游戏。家里不用的快递箱、牛奶箱等各种纸箱、纸盒，可以被当成障碍物，让孩子绕着这些障碍物走或练习立定跳，也可以被当成投掷目标让孩子用沙包练习掷准。

矿泉水瓶游戏。孩子可以用手拿着装满水的矿泉水瓶练习爬行，也可以练习绕障碍跑。

"我是小螃蟹"游戏。让孩子站立在原地，俯身向前，手放在地面上小幅度地向前快速行走，并保持身体平直，直到达到最大幅度。接着，让孩子前脚掌着地，在保持膝关节平直的情况下继续小步向前快速行走。

"你抛我接"游戏。让孩子单脚站立地上，父母拿着网球等球类站在孩子对面。孩子在保持身体平衡的同时，用手接住父母抛出的球。

第11招 ▶ 越玩越聪明的益智类游戏

雪糕棍游戏。吃完的雪糕棍可以用来玩拼图，让孩子充分发挥自己的想象力。父母可以在两根雪糕棍的中间贴上不同形状的图形，然后用小刀将它们分开，让孩子玩配对游戏。父母还可以将几个雪糕棍涂上颜色，再将所有的雪糕棍抓在手里，垂直于桌面，松手散开，然后与孩子一起把带颜色的雪糕棍一根根地挑起来或者用手直接拿起来，前提是不能够动或碰到其他的雪糕棍，谁拿到的雪糕棍最多谁就获胜。

图形归类游戏。父母准备若干个纸杯，并制作两个骰子，一个表面绘有不同的图形，一个表面是不同的颜色，在每个纸杯的底部贴上不同颜色和不同形状的贴纸。玩法一是让孩子投掷图形骰子，按照不同的图形将纸杯分类。玩法二是让孩子投掷颜色骰子，按照不同的颜色将纸杯分类。

第12招 ▶ 培养艺术创意的美术类游戏

羽毛印画游戏。父母可以引导孩子用羽毛画出海边的椰树。父母提前准备几根羽毛、硬纸片、白纸、水粉颜料和盘子。接着，让孩子用羽毛蘸绿色颜料在白纸上印出树叶，用硬纸片蘸褐色颜料印出树干。孩子还可以用羽毛蘸其他颜色的颜料印出花朵和小鸟。

气球印画游戏。父母提前准备白纸、气球、水粉颜料、水彩笔和盘子。在父母的引导下，孩子把各种颜色的颜料随意地挤在盘子里，用吹起来的气球蘸着颜料在白纸上印出类似花朵的图案，再用黑色水彩笔画出花茎，最后用手指蘸绿色的颜料随意地印出叶子的图形。

晚上熬夜玩手机，怎么办

东东对手机的瘾实在太大，不仅白天想尽一切办法玩手机，晚上还会趁着爸妈睡觉后偷偷玩。因为沉迷于玩手机，东东每天都睡得很晚。

案例分析

　　成年人都知道熬夜对身体有着很多危害，很多孩子为了玩手机也会熬夜。尤其是在寒暑假期间，孩子更是捧着手机或平板电脑，一玩就玩到半夜。不管父母怎么劝说，孩子就是不肯放下手机。孩子熬夜玩手机，背后有着很多原因。

手机、游戏本身的吸引力

　　我们在网上浏览感兴趣的内容时，系统就会源源不断地推荐相关的内容，让我们总是忍不住想要往下看。在游戏中，当我们完成任务或击败对手时，大脑会释放多巴胺，让我们感到愉悦和满足。这就是为什么看手机和玩游戏时，我们会觉得时间过得那么快。连成年人都很容易沉迷于网络和游戏，更何况是孩子。

父母的禁止

　　父母越是禁止孩子玩手机，孩子就越是想要玩，因为父母的禁令会激起孩子的好奇心。就像小时候，父母总是会耳提面命地不让孩子玩火和摸电门，可孩子却更想要尝试。当孩子对手机产生强烈的兴趣和渴望时，他们就会不顾一切地想要得到手机，并在得到手机后玩得忘乎所以。

孩子的自制力不足

　　在人类的大脑中，有一个掌管自控力的区域，叫前额叶。一个人在 26 岁之前，前额叶都一直处于发育之中。也就是说，孩子在大脑发育尚未成熟的时候，其自制力是严重不足的，他们很难进行自我控制。因此孩子对手机上瘾其实也并不奇怪。

熬夜和玩手机都会对孩子的身体造成很大的损害，父母有必要让孩子养成良好的睡眠习惯，少在睡前使用手机。

第13招 让孩子体验视力不好的危害

优优看手机时眼睛和屏幕的距离特别近，而且常常一看就是一两个小时。为了让优优认识到视力的重要性，优优的爸爸让优优把眼睛蒙住，体验一下盲人的生活。优优觉得这是一个很好玩的游戏，就同意了。

一开始双眼被蒙住时，优优觉得没什么大不了。当她尝试向四周走动时，因为看不见而碰到了墙壁和桌椅，这让优优变得谨慎起来。在爸爸的指引下，优优扶着墙壁和门，慢慢地走进了自己的房间。经过这一段的尝试，优优开始感觉很不适应，想把蒙着眼睛的布解下来，但被爸爸制止了。爸爸提议让优优坐一会儿，或是躺一会儿。可是优优无论是坐是躺，都很不舒服，就开始哭了起来，不断地哀求爸爸摘掉蒙着她眼睛的布，可爸爸就是不肯。大概过了半个小时，爸爸估计优优已经体会到了失去视力的恐惧和不适，才结束了这个游戏。

经常看手机，人的视力和身体都会受到影响，有可能出现视力模糊、视力下降、高度近视等问题。想要让孩子了解这些危害，父母可以试着把孩子的眼睛蒙起来，让孩子体会看不清、看不见的感受，以及视力有问题会给生活带来哪些不便之处。当孩子对这些有了切身的体会之后，就会在心里留下深刻的印象，以后再看手机时就会提醒自己不要过度。

第14招 ▶ 让孩子在固定时间入睡

如果孩子能够保持早睡早起的好习惯，就不会经常出现熬夜的情况。想让孩子不熬夜，父母可以帮助孩子养成在固定时间入睡的习惯，让孩子到了睡觉时间就必须入睡，而不是累了才睡。父母还可以通过一系列的睡前活动，比如刷牙、洗脸、换睡衣、提前半小时躺在床上、把灯光调暗等，引导孩子尽快入睡。

第15招 ▶ 孩子入睡前把手机收回

电子屏幕会放射出一种短波蓝光，导致人体的神经处于兴奋状态，同时抑制体内褪黑素的分泌，使人难以入睡。如果孩子入睡前眼睛一直盯着电子屏幕，就会迟迟不肯入睡。想要给孩子营造安静的睡眠氛围，让孩子能够快点入睡，在晚上9点以前父母就要收回孩子的手机，让孩子准备入睡。尽量不要让孩子在睡前使用手机，以免他们难以入睡。

偷摸把手机带到学校，怎么办

班主任把小航带到学校的手机没收了，并把这件事告诉了小航妈妈，让小航妈妈来接小航时再把手机拿走。

随着手机的普及，很多孩子从小就有了属于自己的手机。有些孩子还会忍不住把手机偷偷地带到学校，在课堂上或是下课后偷偷地玩。被老师发现以后，要么就是手机被没收，要么就是被请家长。

知道孩子把手机带到学校以后，父母会生气。但是，这个时候生气解决不了任何问题，和孩子做好沟通才能真正起到教育作用。在与孩子沟通之前，父母需要了解孩子带手机去学校的原因。

炫耀攀比

手机是孩子之间互相攀比的途径之一。有手机的孩子会到处炫耀，甚至把手机带到学校里和同学比较手机的好坏，看谁的手机更贵、更好，档次更高。没有手机的孩子会羡慕有手机的孩子，而有低档手机的孩子又会羡慕有高档手机的孩子。比不过别人的孩子往往会觉得自己很没有面子。

融入群体

孩子之间会互相交流手机的使用心得和感受，他们讨论的话题也大多围绕游戏和网络展开。有些孩子为了融入群体，为了和同学、朋友有话可聊，就会冒险把手机带到学校，以便和同学更好地交流。

为了随时玩手机

有的孩子平时在家里经常玩手机，没有手机就会感到十分不习惯。而小学和初中阶段的孩子，自制力又很弱，一旦养成了玩手机的习惯，孩子就会变得离不开手机。因此，孩子就会把手机带到学校里，只要老师不注意，就会拿出来随意地玩。

目前，很多中小学都明令禁止学生携带手机入校。想要避免孩子把手机带到学校，父母可以采用下面的方法。

第16招 ◀ 给孩子讲一讲手机带到学校的弊端

在找到孩子把手机带到学校的原因后，父母要保持情绪的平和，先接受孩子违反规定的事实，再平静地跟孩子沟通这件事。手机带到学校有很多弊端，父母可以耐心地和孩子讲一讲。

孩子在学校里要长时间地看书学习，眼睛本来就处于比较疲劳的状态。如果孩子再经常看手机，那么孩子的眼睛就无法得到充分的休息，对于眼睛的损伤就会更大，视力就会下降得更快。

孩子带着手机回学校，上课时很可能会忍不住偷偷玩手机。手机上的游戏、社交软件等内容会分散孩子的注意力，导致孩子无法认真听课。有的孩子还会跟同学互相发送信息，这样一来，他们就更难集中精力学习了。

如果孩子带去学校的手机忘记静音，当手机铃声响起来时，就会打断老师讲课，扰乱教学秩序，影响其他同学的听课效率。

如果孩子是为了炫耀而把手机带到学校，那么父母可以告诉孩子，自己能理解孩子的心态，但是，孩子也要明白，拥有一部手机并不能让他们炫耀一辈子，对于学生来说，还是学习成绩更加值得骄傲。而且，拿着父母买的手机去炫耀，这种行为也并不合适。

第17招 和老师共同配合

想要避免孩子把手机偷偷地带到学校，父母需要和老师共同配合，双方的态度一致，才能减少孩子的明知故犯。

如果孩子带手机被老师发现，父母首先要向老师诚恳地道歉，然后表明态度，表示以后会严格管理孩子的手机，并感谢老师对孩子的管理和教育，自己会全力支持并且配合老师的教育工作。父母要体现出对老师的尊重和对孩子教育的重视。比如，父母可以这样说："老师，真对不起，孩子把手机带到学校给您添麻烦了。希望您能给孩子一个改正的机会，我们会全力支持您的工作。""我知道您没收手机是为了孩子好，也是为了不影响课堂纪律。我保证以后会严格监督孩子，不会再出现这种事情了。"

想要减少孩子今后再次出现同样的错误行为，父母还可以和老师提前商量解决的办法，并且请老师在学校里多留心孩子的行为，家校双方保持良好的沟通。

写作业拖拉磨蹭，怎么办

　　不写作业时母慈子孝，一写作业就鸡飞狗跳，其主要原因是孩子写作业总是拖拖拉拉。父母总觉得孩子写作业磨蹭，是因为懒惰和不努力，于是便一味地责备孩子。其实，父母只有注意其根源，才能帮孩子改掉磨蹭的坏习惯。

父母不催，孩子就不知道写作业，怎么办

情景展现

吃完饭，小波的妈妈有事情要去忙。等妈妈忙完，看到小波还在玩，于是妈妈就催着小波赶紧写作业。小波这才不情不愿地开始写作业。

你怎么还玩呢？还想不想早睡了？

每天写作业都得我催催催……

父母都知道孩子完成作业的重要性，于是就时刻盯着孩子，希望孩子能够自觉完成作业。殊不知，父母越是催促，孩子完成作业的速度反而越慢，最后演变成父母不催，孩子就不写。

超限效应

心理学上有个词叫"超限效应"，指的是刺激过多、过强或者时间过久，往往会引起对方不耐烦或逆反心理。在写作业这件事情上，当父母看到孩子没有写作业，负面情绪就会爆发，父母就会不停地催促、唠叨孩子。这种提醒虽然是好意，但是因为没有注意方式方法，又没有把握好度，反而引发了孩子的逆反心理。孩子要么不愿意写，要么不情不愿地写。父母和孩子双方都身心俱疲。

超限效应导致的后果

过度的唠叨和催促可能会让孩子失去自信。父母一遍遍的催促、唠叨和怒吼，对孩子是一种很消极的心理暗示，相当于给孩子贴上了一个坏标签。这将会对孩子的心理造成很大的影响，让孩子觉得自己一无是处，变得胆怯和消极，甚至是习得性无助，失去了做事情的动力。

父母的打击还会伤害孩子的自尊。一个人的自尊水平决定了他的自律性，孩子的自尊水平越高，就会越自律，自尊水平越低，自律性也会越低。父母唠叨得越多，孩子学习的积极性就越差，导致孩子不仅没养成好习惯，反而还厌学了。孩子小时候，父母还能催一催，孩子青春期后，父母的催促只会让亲子关系更紧张。

如果孩子每次写作业都要靠父母催促和怒吼，久而久之，孩子就会对父母的命令无感。想要解决这个问题，父母需要少做一些，培养孩子的自律性。

第18招 ◀ 让孩子承担不写作业的后果

孩子刚上学的时候，还不习惯写作业，放学后回到家只知道玩。刚开始，妈妈还会提醒他作业的事情，可是并没有效果。于是，妈妈就决定不再管孩子了。直到有一天，孩子回家后闷闷不乐，妈妈问他怎么了。孩子边哭边说自己昨天忘记写作业了，老师批评了他。妈妈安慰了孩子，和孩子解释道，老师批评他是因为他没写作业，如果不想被批评，以后就不要忘记完成作业。孩子点头答应了，以后再也没有忘记写作业。

当孩子写作业不自觉，或是经过提醒后仍然不愿意写作业时，父母要忍住唠叨、指责和催促，也不要逼迫孩子写作业，而是让孩子自己去承受相应的后果，比如老师的批评或是成绩受到影响等。孩子会从事情中获得经验，并且自行总结因果关系，知道以后应该怎样做才能避免不良的后果。

第19招 ◀ 多鼓励和认可孩子

当孩子放学回到家后，父母不立刻督促他们完成作业，孩子也许能够自觉地去写作业。当孩子主动写作业时，父母就要给予孩子鼓励和认可："哇，你今天主动写作业了，有进步哦！"正面的肯定可以给孩子一种积极的心理暗示，孩子对自己会产生积极的期待，觉得自己很勤奋、很努力、很自律，他一定可以管理好自己。当孩子感觉到了温暖，就会激发出内在的动力，自发地向上、向好的方向发展。

第20招　给孩子自主的权利

对于孩子放学后的时间安排，父母可以把决定权交给孩子，不过前提条件是孩子要先完成作业。父母可以询问孩子："先做作业再玩，你可以自己安排时间，可以跟我说说你打算怎么安排吗？"完成作业的时间和娱乐休闲的时间可以由孩子自行支配，但是总的时长和顺序不变。这样既能让孩子完成作业，又能满足孩子玩耍的愿望。如果孩子想要增加玩的时间，就要尽快完成作业。

孩子对于自己做的选择和决定，会更乐于去完成。同时，给孩子决定权还能让他们体验到掌控感。有掌控感，孩子才会有自觉性，学会更好地自我管理。

一写作业就喝水、吃东西、上厕所，怎么办

 情景展现

小雨的妈妈好不容易把小雨赶到桌前，帮小雨拿出课本、作业本……但接下来小雨不是"刷刷刷"写作业，而是削铅笔、找橡皮、上厕所……

孩子写作业磨蹭，有时候并不是孩子的主观问题，而是有着其他的原因。

与儿童特性有关

孩子越是小，专注力就越差，越难长时间专注地做一件事情。而且孩子天性喜欢玩耍，大部分孩子都是喜动不喜静。可写作业这件事情对孩子而言并不好玩，因为写作业时必须集中全部注意力，不能随意活动，因此他们容易坐不住。

在儿童时期，孩子身体处于快速发育的阶段，骨骼和肌肉的耐力比较差，很难长时间坚持一个动作，而且他们的大脑很容易因为受到外界的刺激而过度兴奋，无意识或是不可控制地做出一些小动作。这就导致孩子写作业时容易走神。

缺乏时间观念

儿童往往缺乏明确的时间概念，他们不知道写完作业需要花费多少时间，在玩的时候也不会关注过了多长时间。往往到了该睡觉的时候，孩子才猛然间发现作业还没有写完。

不会制订计划

很多孩子比较随心所欲，缺乏规划时间的意识，这导致他们回到家以后，不知道应该先做什么，后做什么。再加上孩子的自我控制能力比较差，无法对自己做好约束，就没有办法按时完成作业。

学习遇到困难

有的孩子在学习中遇到了困难和障碍，比如成绩一直无法提高，有的孩子担心自己无法完成作业，还有的孩子对学科不感兴趣，认为作业的内容枯燥乏味，这些都是孩子不爱写作业的原因。

写作业时磨蹭是孩子急需改掉的问题，如果不按时完成作业，将会影响孩子的学习和休息。父母可以用下面的方法培养孩子的时间观念。

第21招 闲谈交流加任务规划

大人心情好时干什么都有劲，孩子其实也一样。所以，放学后父母别只问孩子"今天老师留作业了吗"，或者催促孩子"赶紧去写作业"，这只会让孩子排斥写作业这件事。父母可以和孩子闲聊几句，问问孩子今天遇到了什么有趣的事，和同学的相处情况等。如果孩子主动和父母分享学校的事，父母不妨趁机夸夸孩子，比如孩子说"今天同学送了我一个发卡"，那父母就可以夸同学送的发卡漂亮，夸孩子人缘好。

孩子感觉到被重视，心情也会好起来。趁着孩子心情愉悦，父母可以顺便问问今天的作业情况，然后问问孩子打算怎么安排。如果担心孩子写作业的时间太晚，父母可以用奖励来激励孩子写作业："如果8点之前写完作业，你还可以玩一个小时。"

当孩子心情愉悦地认可了写作业这件事，就会主动开始写作业。

第22招 鼓励孩子使用计时器

父母的反复提醒和唠叨常常会让孩子觉得很烦。但只要设定的倒计时开始，孩子就会有紧张感，然后不由自主地加快动作。

计时器可以让孩子有一个明确的时间概念，通过倒计时，孩子会慢慢了解写一页字需要多长时间，做一页计算题需要多长时间。渐渐地，孩子就能学会时间管理。另外，计时器也能培养和提高孩子的专注力，避免孩子一边玩一边写。

第23招　遵守时间约定

当孩子没有按时完成作业，即便孩子哭着求父母再给点儿时间写，父母也不要答应。让孩子承担违反时间约定带来的后果，反省和思考没有按时完成作业的原因，并自觉做出调整。

不妥协，对父母和孩子而言可能都很痛苦。但如果有了第一次拖延，就会有无数次，而且孩子完成作业的时间会越拖越晚。如果发现孩子写作业时磨蹭，父母可以给孩子一点儿鼓励，如"妈妈知道你半个小时肯定能完成""你是个行动迅速的孩子，这是你的优点"。在父母的鼓励下，孩子会自觉加快写作业的速度。

如果孩子因为专注力差、坐不住、开小差等原因磨蹭，父母有必要提醒孩子时，要坚持"提醒一次"的原则，绝不多说。偶尔的一次提醒，会将注意力分散的孩子拽回到写作业中。但提醒的次数越多，提醒的作用就越小。孩子会在父母的第二次提醒后，选择性屏蔽掉提醒，认为自己根本不需要听。同时，不重复提醒也是在传递给孩子这样的信息：孩子不需要父母一开口就闻令即动。

抠手指、咬铅笔，小动作不断，怎么办

写作业的时候，聪聪小动作特别多，一会儿抠抠手指，一会儿咬咬铅笔。聪聪的妈妈站在聪聪身后看见这个情况时，心里的火"噌"地一下就上来了。

你又玩什么呢？怎么还不写作业？

怎么又走神了？半个小时内我都提醒你两回了。

　　孩子写作业时小动作太多，不是玩文具，就是抠手抠脚，这是因为他们在书桌上一定能找到感兴趣的东西，且这个东西绝不是作业。想要解决这个问题，父母需要知道孩子小动作多的原因是什么。

生理和心理原因

　　孩子可能会因为身体不适、过度疲劳等而出现小动作。另外，如果缺乏足够的营养和睡眠，孩子大脑的正常运转也会受到影响，导致孩子出现注意力不集中的现象。

　　孩子可能会因为害怕、紧张、焦虑等情绪而出现小动作，从而分散了注意力。孩子的这些情绪可能源自教育、家庭等方面，它们让孩子感到压抑、沮丧或焦虑，从而导致孩子的情绪出现波动，难以放松身心。

环境原因

　　学习环境过于嘈杂、灯光过强或过弱、空气不流通等情况的出现，也会使孩子的小动作增多。因为孩子在这种学习环境中，身体和心理都很难得到放松和调节，安全感和学习的积极性也不高。

注意缺陷与多动障碍

　　如果孩子长期出现注意力不集中，活动过多，学习时小动作频繁、学习困难，且脾气暴躁、行为冲动、反复和小伙伴或长辈发生冲突，并从幼年或小学入学开始就持续这些症状，父母就要重视起来。孩子可能不是不听话，而是可能患上了注意缺陷与多动障碍（ADHD），也就是人们口中的"多动症"。这时，父母一定要带孩子前往正规医院进行评估和诊断。

给父母支招

孩子写作业时小动作过多，其实是因为他们的注意力容易涣散。父母可以尝试使用下面的方法，帮助孩子有效地减少小动作，提高孩子的注意力。

第24招 使用正面的沟通方式

当孩子走神做小动作时，父母只要对孩子说"来，快点儿写"之类的话就够了，不要对孩子说"不要抠手！"这类的话。因为孩子的大脑更容易忽略"不要""别"等抽象式的否定词，更加注意后面具象化的内容，孩子往往听到的就只有"抠手"二字，说"不"只会提醒和强化孩子对小动作的印象。

相比较"不要"，"来，快点儿写"对孩子而言才是正向的语言。父母说类似的话时，语气一定要温柔而且坚定，可以注视着孩子的眼睛，把孩子的注意力拉回来，让他们快速地进入写作业的状态中去。而且这样还能让孩子感受到父母对他们的爱和信任，使孩子相信自己能够写好作业。

第25招 清理孩子的学习桌

父母除了要给孩子提供一个安静、舒适、明亮、通风的学习环境之外，还要帮孩子整理好桌面。因为除了玩具，任何想玩的东西，孩子都能把它变成玩具。如果孩子喜欢玩学习桌上的东西，那么父母就尽量让桌面保持干净，只留下孩子学习和写作业需要用到的东西，比如课本、作业本、一支笔、一个橡皮、一把尺等。如果孩子要写几门课程的作业，父母可以让孩子完成一门课程的作业后再更换一套用具，这样可以避免孩子被其他的物品吸引。

另外，父母还可以把孩子做作业的区域和其他区域分开，做作业的区域越整洁干净越好，其他区域里则可以放孩子的课外读物、玩具等，做到直接把孩子和有干扰的事物隔离开来。

第26招　锻炼孩子的专注力

想要锻炼孩子的专注力，父母可以尝试让孩子冥想。冥想可以引导孩子深入地思考，增强孩子的专注力。父母可以引导孩子在安静的环境中，放松身心、保持平静。多次尝试冥想，有助于孩子减轻焦虑、提高注意力。

另外，游戏也可以起到同样的作用。父母可以选择一些帮助孩子提升专注力的游戏，比如拼图、找不同等益智类游戏。孩子在玩这类游戏时，既能提升专注力，又能锻炼观察力、思维能力和大脑的协调能力。

找各种借口不想写作业，怎么办

情景展现

蕾蕾放学回到家里，除了写作业，她情愿做任何事情。妈妈一让蕾蕾写作业，她就找各种借口。总之，蕾蕾就是不想写作业。

案例分析

　　不想写作业时，孩子会想出各种各样的借口，但是这些借口最后总会被父母识破，随之而来的就是一顿训斥和催促。孩子之所以不想写作业，可能是因为作业有困难，也可能是缺乏学习的动力。当孩子对作业产生抵触和抗拒的情绪时，就出现了拖延的现象。如果孩子频繁出现这种现象，那或许就是拖延症了。

拖延症

　　拖延症指的是在能够预料到后果有害的情况下，仍然把要做的事情往后推迟的一种行为。在生活中，拖延的现象普遍存在，而学生群体则是拖延症的高发群体。严格来讲，拖延症并不是一种精神疾病，但它反映了不同的心理问题。

　　拖延症有三种比较常见的类型：一是拖延让自己感到不愉快的事情，二是拖延难以完成的事情，三是对需要做但难以做出的决定拖延。

　　对于孩子来说，无论是懒惰还是拖延，都是很不好的习惯，而且懒惰在一定程度上也是拖延的一种。

课题分离

　　学习、做作业本来就是孩子自己的责任。当父母想要安排好孩子的学习，不停地催促孩子时，学习就变成了父母的事情。最后孩子不知道学习、写作业是为了什么，为了谁，对学习产生抵触和反感。因此，在孩子学习的问题上，父母要做好课题分离，不要去做应该由孩子做的事情。在做作业的问题上，父母能够做的就是给孩子提供帮助和支持，增强孩子完成作业和学习任务的信心。

拖延不仅耽误孩子的时间，也会导致孩子学习效率的下降，还会影响孩子的自信心。父母可以用下面的方法帮助孩子改正这个毛病。

第27招 ◀ 了解孩子不想写作业的原因

　　孩子不愿意写作业时，父母需要和孩子沟通，找出孩子不愿意写作业的原因。是因为作业太难，还是因为作业是孩子讨厌、成绩比较差的学科；是出于挫败感不想做，还是因为孩子不喜欢这个科目的老师，所以不想做这个科目的作业，或者是孩子感觉学习压力大……

　　在沟通时，父母可以心平气和地询问孩子："我感觉你好像是不喜欢写作业，是吗？能告诉我是什么原因吗？我有什么可以帮你的吗？"当孩子说出原因后，父母需要尝试从孩子的角度去理解和感受，这样才能从根源上解决问题，重新培养孩子对学习的信心和兴趣。

第28招 ◀ 建立有关作业的奖惩制度

　　孩子回到家总是以看电视为由不想写作业，导致作业总是要拖到很晚才开始写。爸爸想出一个办法，就是制定一套关于作业的奖惩制度。爸爸提出，既然孩子很喜欢看电视，那么从现在开始，孩子完成作业的时间如果不超过一个小时，就可以得到20分钟的看电视时间；如果不超过半个小时，就可以得到 30 分钟的看电视时间。但是，如果超过一个小时还没完成作业，孩子看电视的时间就要相应地缩短，直到完全扣除。孩子很高兴地同意了。后来，爸爸还根据孩子的要求，把奖励换成孩子喜欢的其他事情，比如吃零食、看漫画、玩玩具、父母给孩子讲故事等，孩子写作业的积极性提高了不少。

　　父母可以把作业当作一个任务，制定一套有关作业的奖惩规则，作为外在的监督帮助孩子克服拖延的问题。在完成任务之后，孩子可以得到和任务大小、难易程度相匹配的奖励，没有完成任务则实施相应的惩罚。比如，父母可以根据孩子平时作业完成的时间和质量，制作一个奖惩表贴在墙上，写明在指定时间内完成作业且保证质量的情况下，孩子可以得到哪些奖励，在指定时间内没有完成作业，孩子会受到哪些惩罚。这样做的目的是把孩子的注意力从写作业带来的不适感，转移到完成作业之后可以得到哪些奖励上来。由此一来，孩子就不会觉得写作业是一件讨厌的事情了。

完美主义，总是反复修改，怎么办

妈妈发现瑶瑶最近写作业写得特别慢，便留心观察了一下，发现瑶瑶写作业时总是写了擦，擦了又写，反反复复地修改。

有的孩子做事情特别认真，不允许自己出错，做错一道题就会生自己的气；有的孩子有点儿"一根筋"，稍有不顺就发脾气；有的孩子对自己的要求很高，很注重自己的分数和表现，他们还喜欢把东西摆放得整整齐齐，并且在整理物品上花很长时间。有这类表现的孩子，很可能有完美主义倾向。

完美主义倾向特征

有完美主义倾向的孩子主要有以下几个特征：

一是很容易为自己的错误感到沮丧，甚至会因为一点儿小错误放弃整个项目和任务；

二是因为觉得不够完美而反复重新开始或者在修改上花费大量时间；

三是只要受到批评就觉得是自己不够好，容易崩溃；

四是总担心失败，对失败的标准远超出常规；

五是不愿意接受变化，把意外当失败来看；

六是自我价值感低，总是用消极的方式评价自己；

七是对自己的标准过于严苛，对别人有着不切实际的高期待。

完美主义的成因

孩子有完美主义倾向，背后可能有很多原因，比如先天的性格，孩子可能比较固执、敏感，从小就对自己有着很高的要求，这样的孩子持久性也高于其他同龄的孩子。

另外，自卑的孩子也容易陷入对"完美主义"的追求中。他们总是希望自己没有缺点，一旦发现自己有缺点，就会严厉地自我批评并且改正，希望自己能够尽善尽美。

害怕失败也会让孩子苛求完美。面对挫折时，有的孩子不知道这些挫折是怎么来的，也不知道该如何处理，只能极力地避开失败。而有的孩子则认为只有完美才能够避免被批评。

把事情做得尽善尽美并不等于完美主义，但如果过度地追求完美，孩子就会陷入"失败—自我否定—自我惩罚—继续失败"的恶性循环里，出现焦虑、拖延甚至强迫症等情况，影响孩子的成长。

当父母发现孩子陷入"完美困境"的时候，可以使用下面的方法帮助孩子走出这个误区。

第29招 ◀ 帮孩子减轻压力

　　孩子期末考试只得了90分。看孩子总是盯着那些没得分的难题发愁，爸爸上前和孩子谈心。爸爸给孩子解释道，试卷上的题目分为简单、中等难度和高难度，简单的题目占大多数，其次是中等难度的，最难的题只占很少一部分。爸爸告诉孩子："这些难题很复杂，你现在不会做很正常。等你以后学会了，自然就会做了。慢慢来，不要着急。"

　　当孩子面对失败时，父母可以帮助孩子分析失败的原因，让孩子明白失败并不一定是因为他们的能力差，而是有着很多的客观因素，也许是意外，也许是因为难度的增加。这样一来，孩子就能够认清自己的能力，正确归因，正视失败。

平时和孩子说话时，父母不要说"你要考多少分""爸妈没本事，咱家以后全靠你了"之类的话增加孩子的压力。当孩子对自己的要求过高，而能力又达不到要求时，父母要帮助孩子降低期望，以免孩子为了做到"最好"而强迫自己。

第30招　夸赞孩子的努力

有时候，孩子追求完美是希望能得到父母的夸奖，而父母在夸奖孩子的时候，要多聚焦于孩子付出的努力，而不是孩子的天赋，要多夸奖孩子努力的过程，而不是得到的结果。在和孩子回顾实现目标的过程时，父母可以试着找找孩子为了目标做出了哪些努力，观察孩子是如何进步的，让孩子知道父母看见了自己的努力。比如，孩子完成作业以后，父母可以夸奖孩子坚持完成作业的毅力。

第31招　跟孩子聊聊失败

父母可以多和孩子谈谈失败，了解孩子对失败的看法，并教会孩子怎样面对失败，怎样调整自己的状态。父母还可以和孩子聊聊自己在工作和生活中遇到的挫折和困难，和孩子分享自己是如何应对的失败，又是怎样调整心态的，供孩子学习和借鉴。此外，父母也可以和孩子分享自己对于完美和成败的观点，帮助孩子学会辩证地看待成败，形成正确的成败观。

外面稍微有点儿动静，就坐不住，怎么办

小辉在玩的时候总是很专心，经常忘了时间。可是一到写作业的时候，小辉就坐不住了，外面只要有动静，他都要出来看看。

案例分析

　　写作业时，孩子一会儿被父母的说话声吸引，一会儿被窗外的景色吸引。总之，外界环境稍有变化，孩子就会受到影响，很容易分心。这说明孩子的抗干扰能力比较差。

抗干扰能力差的表现

　　抗干扰能力差的孩子除了容易分心外，他们学习和做事效率也很低，因为他们总是要花更多的时间才能进入状态。同时，也因为效率低下，这些孩子很容易产生畏难情绪，从而出现拖沓的情况。

　　总是受到外界干扰的孩子，做事情时也容易缺乏耐心。他们总会把困难想得很严重，遇到一点儿小困难就想要逃避。这使本来可以完成的事情，也会因为他们过早地放弃半途而废。

　　抗干扰能力弱的孩子很难保持专注，他们感受不到学习的乐趣，成绩也很难得到提升。久而久之，孩子的内心会充满压力，对学习感到厌烦。

抗干扰能力差和注意力不集中的区别

　　抗干扰能力指的是孩子对抗外界干扰的能力。当这种能力较差时，孩子就很容易受外界干扰的影响，出现分心的情况，不能深入地学习和思考。

　　注意力指的是对事物的专注力。孩子的注意力不集中，就不能够专注于某一件事情。即便没有外界环境的干扰，孩子的关注点也很难集中在一件事情上。

　　这两者的区别在于是否有外界的干扰。虽然在行为表现上，这两者非常接近，但是产生的诱因却各有不同。父母需要区分出两者的不同之处，才能有针对性地帮助孩子解决相关的问题。

抗干扰能力是一项非常重要的能力。父母一方面要避免自己对孩子的干扰，另一方面也可以通过一些方法来培养孩子的抗干扰能力。

第32招 和孩子一起进行抗干扰能力练习

想要培养孩子的抗干扰能力，父母可以和孩子一起进行一些练习。例如，当家里的电视机打开时，父母可以和孩子一起学习、看书，相互监督；父母也可以和孩子在较为嘈杂的环境中一起阅读和学习，比如人多的咖啡馆、公园等地；父母还可以和孩子约定，如果能够完整地复述当天阅读的内容，就可以获得一定的奖励。这些练习都能够培养孩子的抗干扰能力，让孩子逐渐适应嘈杂的环境，主动屏蔽外界环境的干扰，从而做到无视周围的各种诱惑，集中精力于自己的学习。

第33招 让孩子学会自我提示

父母可以教会孩子通过自我提示来应对外界干扰，比如写几张提醒卡片，或者在自己身边放置一个闹钟，提醒自己在学习中保持专注，专心学习。同时，父母还可以让孩子把自己的学习计划张贴在显著的位置上，当孩子分心的时候看一看，可以提高孩子的抗干扰能力和自觉性。

还有一个提高抗干扰能力的方法就是大声朗读。人在大声朗读的时候，专注力会很强。父母可以教孩子在走神的时候把书上的内容大声读出来，由此提高专注力。

如果在尝试了各种方法后，孩子仍然无法不受到干扰，这时候父母就要适当地鼓励孩子，让孩子知道自己可以具备抗干扰的能力，只是需要一些时间来培养而已。

第34招　让孩子专注地做完一件事

当孩子正在专注地做一件事情时，父母尽量不要轻易地打扰孩子。比如，孩子正在专心地学习、阅读，或是在做感兴趣的事情，父母就不要干扰孩子。甚至孩子在专心地玩游戏时，父母也不要制止他们，尽量让孩子专注地完成整件事情。

尤其是孩子写作业的时候，父母更应该给予孩子专心学习的时间和空间，等孩子写完作业以后再和孩子交谈，或是让孩子喝水、吃东西。父母不要每隔二五分钟就敲门，给孩子倒水、送水果、送零食，这些举动会让孩子无法全身心投入学习中去。

Part

3

写作业敷衍、
错误多，怎么办

孩子写作业不认真，是一种很不好的习惯。想要改变这种不良习惯，父母需要了解孩子的内心想法，耐心地和孩子多多沟通，对孩子进行合理的疏导，才能逐渐培养起孩子的学习兴趣，端正孩子的学习态度。

字写得东倒西歪，跟虫爬一样，怎么办

小强作业上的字迹总是潦草不堪，妈妈每次看他的作业都很头疼，因为根本认不出是什么字，就连小强自己都认不清。

孩子书写不认真，字迹潦草有很多种原因。很多孩子在上学之前比较少练字，也没有学过书法，因此他们的控笔能力比较弱。即使认真地写，这些孩子也很难达到横平竖直的要求。一旦发现自己怎么也写不好字时，有的孩子就不再坚持好好写字了。

还有的孩子在写字时急于求成，态度就会很急躁，缺乏耐心和细心，字迹也就容易潦草。其实这些孩子不是不能写好字，只是他们追求速度，因此无法顾及书写的质量。特别是面对越来越多的作业，孩子需要大量时间去完成，他们也就没有过多的精力把字写好。

此外，错误的握笔姿势也会使孩子的字迹变得潦草。除了字迹变得不美观之外，不正确的写字姿势还会对孩子的坐姿和视力造成不良的影响。

常见的八种错误握笔姿势

横搭型：写字时拇指盖住食指，是最常见的错误握笔姿势，用这种姿势写字不仅速度缓慢，不够灵巧，还会因为太用力而容易疲倦。

埋头型：写字时拇指藏在食指后，也是常见的错误握笔姿势，用这种姿势写字，速度比较慢。

扭曲型：写字时拇指和食指都是弯曲的，食指顶着笔杆，这样握笔太用力，不灵活。

扭转型：有的孩子写字时会把整个手腕扭转，笔转向自己，这样写字不仅速度慢，手会酸疼，还会影响孩子的脊骨发育。

直线型：写字时拇指和食指成直线执笔，这种姿势不灵活，写字速度慢。

错位型：写字时拇指、食指和中指握笔，这种姿势抓笔太死，用笔不灵活。

睡觉型：写字时手腕和手贴着桌面，这种握笔姿势太低，容易影响孩子视力。

拳头型：执笔时像握着拳头一样。

俗话说："字如其人。"字迹能够给人留下深刻的第一印象，它既可以是加分项，也可以是减分项。潦草的字迹不仅影响孩子的作业和考试成绩，还会让孩子在将来给别人留下不好的印象。

书写技能需要经过一定的练习才能提高，父母可以采用下面的方法帮助孩子写出一手好字。

第35招 严格规范孩子的书写姿势

想让孩子养成良好的书写习惯，在孩子开始学写字的时候，父母就要严格要求孩子，特别是要端正孩子的坐姿并且规范孩子的握笔姿势，这两点非常重要。

最省力、最理想的握笔姿势叫"动态三指握姿"，也叫"三脚架式握笔法"，是用大拇指、食指的指腹，以及中指末节的内侧面来捏握笔杆，并将笔杆靠于虎口之上。这里需要注意几点：一是食指要偏低于拇指，两者可以相碰或分开一点，食指的第一关节应该是放松的；二是无名指和小指向掌心蜷曲，但不能和掌心贴上；三是笔杆要靠在食指根部，虎口的上方；四是手指捏住笔的位置应该距离笔尖一寸，大约3厘米；五是手的支撑点在手腕的根部。

孩子写字时，坐姿要端正，腰部保持挺直，两肩要放平，两腿自然分开。孩子的头部要正，微向前倾，眼睛与桌面保持约 35 厘米的距离，成45°。孩子的胸部距离桌子一拳，大约 10 厘米，一手执笔，一手按纸。

第36招 让孩子坚持练字

熟能生巧，孩子只有不断地练习写字，才能提高写字的技巧和水平。父母可以给孩子选择合适的铅笔和钢笔，一定要选择孩子用得顺手的。父母还可以根据孩子的年龄和学习阶段选购一些合适的字帖，孩子在小学和初中阶段适合学习楷体字，后面想要加快写字速度，可以让孩子练习行楷或行书。

孩子练字的时候要做到心无旁骛、心平气和，每天抽出一定的时间练习，可以是 15 ～ 30 分钟，也可以是一页或是几页。如果孩子用心练字，一般 1 ～ 2 个月就会产生效果。

第37招 夸奖孩子写得好的字

父母每天都要对孩子写的字进行点评，对于孩子写得好的字，父母不要吝啬夸奖。父母的夸奖可以让孩子知道自己哪些地方做得好，让孩子在写字中获得成功的体验，增加孩子的愉悦感，提升孩子对写字的兴趣。

父母夸奖的话要具体一些，比如夸孩子的字"工整端正""结构清晰""笔画流畅"等，还可以给孩子提出一些意见。

小泽写作业时总是看错题，妈妈每次都教育他要认真仔细，可他从来都不当回事，不该出错的地方还是会出错。

案例分析

孩子在做作业时最容易犯的错误就是看错题，他们不是看错要求，就是漏掉条件。题目的字孩子都认识，却总因为读错而导致理解错误，结果明明会写的题目都写错了。面对这种情况，父母都会叮嘱孩子"仔细一点儿，不要马马虎虎的"。如果孩子偶然出现这种情况，可能只是粗心的问题，但如果孩子反复出现这样的问题，就不仅仅是"马虎"的问题了。

孩子看错题的原因

有的孩子看错题是因为他的学习态度不够端正，他在面对比较难的题目时会比较认真，看到简单的题目时就容易放松，变得心浮气躁，容易出现审题上的错误。这种孩子一般思维活跃，比较聪明，但是学习散漫，不够勤奋。

如果孩子的视觉感知能力发展不足，也容易出现看错题的情况。孩子是通过视觉感知，也就是通过眼睛来获得知识的。当孩子的视觉广度较低时，看到的范围就会很小，孩子只能逐字地看，阅读速度较慢；当孩子的视觉控制和视觉分辨能力不足时，就会出现看错题、漏题的情况。

没有养成良好的读题习惯也会让孩子看错题。有的孩子在读题时不够认真，大致看一眼题目就开始解题，容易漏掉一些关键信息，或者把一些内容想当然地认为成其他。当他们重新读一遍题目的时候，就会恍然大悟："原来是这样啊，我还以为是……没想到是……"

给父母支招

经常看错题只是问题的表象，背后反映出的问题才是孩子需要改正的地方。父母不要只聚焦在某道错题上，而是应该分析问题，采用一些方法帮助孩子改进。

第38招 让孩子学会读题

　　父母要向孩子强调读题的重要性，告诉他们题目中的每一个字都不是白白放在那里的，题目每句话都包含着有用的信息，所以一定要认真阅读题目中的每一个字和标点符号，甚至一些括号里的内容，它们看似是补充内容，其实也是关键信息之一。

　　孩子在练习读题时，可以先用手指着读，然后再逐渐学会默读。在读题时，孩子要学会画出关键信息，标记一些关键词和重要数据，一边读题一边圈画。这样不仅可以有效避免遗漏题中的关键信息，避免粗心看错题目，还可以提高孩子做题的效率。

　　孩子在读题的时候，如果时间充足，可以把题目读两遍，即在做题之前先通读一遍，理解题目的整体意思，然后在此基础上再逐字逐句地分析题干。孩子做完题检查时，不仅要核对运算得是否正确，还要连带着把题目重新读一遍，确认自己没有理解错误题目的用意，并且答题时用到的关键信息是正确的。

第39招 让孩子练习边阅读边思考

　　孩子阅读能力的提升有助于提高读题的准确性。平时，父母要让孩子多阅读，可以先从孩子感兴趣的书籍开始，然后再延伸到其他类型的书籍上，扩大孩子阅读的范围。但是，不能让孩子只浏览情节，却不关注细节，导致缺乏思考。

阅读的时候，父母还可以培养孩子带着问题和目的阅读，即边阅读边思考的能力。比如，孩子阅读一篇文章之前，在完全不了解内容的情况下，父母可以向孩子提出一些问题，像这篇文章的题目是什么意思，这篇文章讲的是什么。在阅读的过程中，父母还可以根据书中内容提出其他问题让孩子思考。阅读完毕后，父母可以引导孩子复述文章的关键信息，和孩子讨论相关的内容，推动孩子去思考。

第40招 训练孩子的视觉感知能力

父母可以陪孩子一起做一些刺激视神经系统发育，促进手眼协调的游戏，这对提高孩子的视觉感知能力非常有帮助。这类游戏有找不同、连线、走迷宫等，还有舒尔特方格训练。这些游戏可以刺激孩子的视觉发育，锻炼孩子的专注力，有效地提升孩子的视觉广度。

草稿纸上乱七八糟，怎么办

情景展现

乐乐原先没有用草稿纸的习惯，在妈妈的要求下，他才开始打草稿。可是，他的草稿纸上总是乱七八糟的。

　　有些孩子没有打草稿的习惯，做题时宁愿盯着题目看半天，也不愿意动笔打草稿。有的孩子学会打草稿了，却因为书写不规范导致草稿纸上的内容总是又乱又脏，完全看不出写的是什么。

　　孩子之所以不喜欢打草稿，一是没有意识到打草稿的重要性，所以没有养成打草稿的习惯；二是孩子觉得凭脑子就可以计算出来，打草稿纯属浪费时间，不如用打草稿的时间去做更多的题。

打草稿的重要性

　　打草稿能够尽可能地保证计算过程的完整和结果的正确性，尤其是面对涉及大量计算的题目时，打草稿就特别重要。在孩子进入高年级后，一些比较复杂的数学题如果单纯依靠口算很容易出错。

　　打草稿的过程，就是分析问题的过程。在计算和分析问题时，需要孩子准确地找到有用的信息，并对信息进行处理，分析数量的关系，最终找到解决问题的方法。这其实是一种思维的训练。在这个过程中，草稿纸是必不可少的，特别是在数学等理科课程的学习中，打草稿可以辅助孩子思考。在解题过程中，孩子可以通过打草稿理顺自己的思路，形成清晰的解题逻辑。此外，养成用草稿纸的习惯，还能让孩子在做题时调整好状态，静下心来思考问题。

　　很多孩子觉得草稿纸只要自己看得懂就行。但草稿纸如果太过杂乱无章，会导致孩子计算出错，思路混乱，甚至在检查时找不到答案，还要重新算一遍，耽误许多时间。

给父母支招

如果使用得当，草稿纸也能成为帮助孩子学习的"宝贝"，父母可以使用下面的方法，让孩子学会善用草稿纸。

第 41 招 帮助孩子养成打草稿的习惯

想让孩子养成打草稿的习惯，父母要从孩子日常的学习抓起。孩子刚上学，特别是一、二年级学习数学的时候，父母就可以引导孩子在草稿纸上画图分析。当孩子升入三年级时，父母就要正式地给孩子介绍草稿纸的使用方法。

如果孩子觉得打草稿太麻烦，懒得使用草稿，或者打草稿时草草应付，父母就可以训练孩子每天做作业时把课本、作业本和草稿纸放在一起，把草稿纸作为做作业的必需品，促使孩子习惯使用草稿纸。

孩子使用过的草稿纸也不要随意丢弃，有重点内容的草稿纸还可以收集起来装订成册，方便以后翻阅。孩子回顾草稿纸上的内容，分析自己的解题思路，也有利于巩固复习知识。

父母还可以为孩子准备专门的草稿本，定期翻看草稿本，查看孩子的思路，及时修正孩子的错误，并有针对性地做出一些点评和批改。如果孩子草稿本用得好，父母要给予表扬。

当孩子使用草稿纸时，父母还要提醒孩子不要在草稿纸上乱涂乱画，画满涂鸦，这样会挤占演算过程，让草稿纸失去原本的作用。

第42招 教孩子正确地打草稿

孩子在打草稿时，父母要提醒孩子注意字迹工整，特别是数字和字母要像做作业时一样写得规范清晰，不要写得模棱两可。因为作业和试卷上的答案都是按照草稿纸上的步骤和答案抄写的，草稿的字迹清晰孩子才能看得清楚，不会弄混，在抄写时不出错，也方便稍后检查。

草稿纸上要有分区或者分隔线，孩子也可以把草稿纸对折或是画出分隔线。这样在节省页面空间的同时，也能避免两道题的草稿内容离得太近，导致孩子在抄写时看错抄错。

孩子在草稿纸上的计算过程、步骤以及画的图，只需要保持基本完整和大致规范即可，不需要面面俱到，更不用太过细致。重要步骤和解题思路完整清晰，孩子在后续检查时就能更方便。

打草稿时，孩子最好按照题目顺序来，不要看到空白的地方就写，那样检查时很容易找不到对应的题目。在草稿纸上标记好题目的编号，后续检查时通过编号查找可以快速定位到草稿。

对于做不出和不太确定的题目，孩子可以在草稿纸上做个标记，以便稍后再来研究和检查。

同样的错误，反复犯，怎么办

莹莹写作业时总是会犯同一个错误，即便妈妈给她讲过很多次，提醒过她很多次，她再做的时候仍然会错。

孩子在做作业的过程中，不可避免会犯一些错误。然而，有些孩子会反复出现同样或类似的错误。明明孩子不笨，可他们总是在同一个"坑"里摔跤，这让父母感到十分困惑和焦虑。

孩子犯相同错误的原因

人的记忆分为短期记忆、工作记忆和长期记忆。相比成年人，孩子的大脑还在发育中，学习能力和记忆能力相对较弱，尤其是工作记忆和长期记忆还没有发展成熟，所以孩子经常会忘记之前的经验和教训，重复犯同样的错误。

人的思维方式分为直觉式思考和逻辑式思考。前者是一种自发的、快速的、依赖感性的和带有惰性的直觉性行为，而后者则需要大脑集中注意力去思考和判断。孩子的逻辑思考能力相对较弱，更依赖于直觉式思考，这导致孩子对于错误的记忆和改正能力受限，容易犯同样的错误。

孩子在相同的题目上反复出错，说明孩子并没有真正理解和掌握这个问题。孩子只是机械地记住答案，没有深入地思考和掌握其中的精髓和要点，所以再遇到同样或同类型的题目时，孩子还会答错，更不用谈举一反三了。

同样的错题总是反复出现，还和父母的态度有关。有些父母看到孩子写错就会大发雷霆，这只会让孩子满脑子都是父母的训斥，忽略了自己的错误。为了快点儿让父母息怒，孩子还可能会不懂装懂。

孩子重复犯错并不是一件可怕的事情。孩子犯错时，父母的提醒和教育一定

是有用的，只是可能不那么立竿见影。孩子改正错误需要时间，父母可以采用下面的方法引导孩子，让孩子逐步调整和改进。

第43招 ▶ 平和地对待孩子的错误

孩子做作业出错的时候，父母可以提醒孩子，可以教育孩子，但是要管理好自己的情绪，千万不要因此情绪激动，变得气急败坏。父母可以用平和温柔的态度面对孩子的错误，理解和宽容孩子，这样孩子会更愿意面对和修正错误。

在给孩子讲题时，父母要尽量保持平静，给孩子讲完以后，要确定孩子是否真的明白了。如果讲了几遍孩子还是无法理解，父母可以暂时把题放一放，过几天再给孩子讲，也许过几天孩子自己就能理解知识点了。

第44招 ▶ 让孩子反复地练习

同一类题反复出错，往往是因为孩子对相关的知识点掌握得不够扎实，这导致孩子当时可能知道错在哪里，但是后面再遇到同样的题目时，还是会陷入原先的误区之中。父母可以让孩子针对相关的知识点反复练习，彻底纠正之前的偏差。比如，同一个知识点的题目，父母可以让孩子多做几道，并且要求孩子要深入思考每一道题，确保孩子彻底地掌握这个知识点并熟记。

如果孩子在做作业时总是出现忘记写后引号、后括号，应用题忘记写单位和答语，忘记英文首字母大写、末尾加标点等错误，父母也要让孩子多练习。经过一定的练习，孩子将会加深对这些易错点的印象，反复出错的问题也会慢慢地得到解决。

第45招 ◀ 让孩子把错题讲一遍

　　父母可以让孩子把自己的错题讲解一遍，引导孩子先分析自己错在哪里，这道题应该怎么做，解题思路是什么，下次再遇到类似的题目时应该如何避开出题人设置的"陷阱"。如果孩子讲得不够流畅，就说明孩子的思路仍然很模糊。这时，父母要带着孩子重新从课本入手，巩固基础知识，找到学习时的漏洞并且及时补上。如果孩子讲得很流利顺畅，就说明孩子真正掌握了这一知识点。

　　在讲题的过程中，父母还可以鼓励孩子勇敢地分享知识和表达见解，使孩子能够系统地回顾和整理学过的知识，深入地理解概念、原理和知识之间的逻辑关系，从而加深孩子对知识的理解和对错误的记忆，争取下次再做同类型的题目不再出错。

写完懒得检查，怎么办

　　露露每天回家都会很自觉地写作业，就是写完以后从来不主动检查，作业总是有很多错误。妈妈提醒她很多次，她还是不自觉。

很多孩子在写完作业后就去玩了，不愿意花时间检查。即便父母要求孩子检查作业，孩子也只是走马观花地看一看，根本不会仔细检查，导致作业错漏百出。这时候，父母通常会一边训斥孩子，一边帮孩子检查作业，并时不时地指点孩子。其实，自我纠正是一项很重要的能力，如果孩子在做作业时不检查，那么在考试时孩子也很难正确地检查答题情况。

孩子写完作业不爱检查的原因

不少孩子存在这样的想法，"做作业已经花了不少时间，如果再检查一遍，又会花费很长时间"，检查作业无形中减少了孩子的娱乐休闲时间，孩子认为作业交上去以后，老师会批改作业，所以自己不需要检查。这说明孩子没有意识到检查作业的重要性。

很多孩子之所以不爱检查作业，也因为父母承担了检查孩子作业的职责。这样一来，孩子根本无须自己动手检查作业，父母会代替他们去做。有人替孩子做了该做的事情，孩子就会觉得只要写完作业就好，反正父母帮忙检查作业的对错。

有的孩子没有认识到学习是自己的事，他们缺乏学习的主动性，只是被动地完成作业。这样的孩子缺乏学习的动力，没有意识到检查也是完成作业的一部分，所以写完作业基本不会主动检查。

还有的孩子想要检查作业，却不知道该如何正确地检查，也不知道应该检查什么，只能粗略地扫几眼，发现不了什么错误。

学会检查作业，不仅可以帮助孩子检验学习效果，加深对知识的理解，还能够培养和提高孩子学习的能力。想要帮助孩子建立自主检查的习惯，父母需要从孩子的观念和习惯入手，采用下面的方法进行逐步引导。

第46招 让孩子看到不检查带来的后果

想改变孩子认为检查不重要的错误认知，需要父母引导孩子理解检查的重要性。当孩子知道检查可以帮助他们提高作业的正确率，减少错误的时候，他们才愿意检查。

当孩子的作业因为没检查被老师扣分的时候，或是父母在孩子的作业中发现错误的时候，父母就可以及时地给孩子指出这些错误，告诉孩子如果检查了，这些错误就不会出现，作业就不会被扣分。让孩子看到不检查带来的后果，孩子才能真正意识到检查的重要性。

第47招 教给孩子正确的检查方法

很多孩子觉得看一眼就是检查，其实不然。父母需要告诉孩子，仅仅只是看并不能检查出对错，正确的检查方法是要"再做一遍"。

孩子不知道如何检查作业时，父母可以在孩子完成作业后引导孩子重新阅读题目，再次理解题目的要求，然后按照题目的要求再次进行思考和计算。在这个过程中，孩子也许能够发现自己初次做题时出现的错误。

另外，父母还可以教孩子一些具体的检查技巧，比如反向检查法。反向检查法和一般的检查方法相反，它是从答案往回检查，也就是把答案代入到原题中进行验算，最常见的就是用减法验算加法、用乘法验算除法、将结果代入原方程式验算等。这种方法适用于数学等理科作业，使用起来既快速又准确。

第48招　等孩子写完再督促检查

当孩子做作业时，父母不要只盯着孩子作业的对与错。哪怕发现孩子写错了，父母也要保持沉默，等孩子完成作业以后再督促孩子检查和改正。如果孩子没有检查出错误，父母可以给出提示，圈出要检查的大致范围，或是给孩子标记出需要订正的题目，让孩子仔细检查后自行改正。这个过程中，父母不要给孩子提示，让孩子自己检查，自己思考。如果孩子思考过后还是不会时，父母再去教孩子。孩子自己检查出来错误，就能体会到检查带来的成就感，这有利于孩子养成检查的习惯。

错题整理了也不看，怎么办

妈妈给小杰买了几个错题本，让小杰把错题都整理出来。小杰每次都把错题整理到本子上，但是整理之后就再也没看过。

对于错题，有的孩子会勤勤恳恳地分析整理、归纳总结，而有的孩子整理完后就将错题抛到脑后，错题本也成了一个摆设。其实，整理错题是一种很好的学习方法，在孩子的学习和复习中起到很大的作用。

整理错题的好处

整理错题是为了以错题为原点查缺补漏，这是一种效率高、针对性强的学习方法。因为错题能够一针见血地指明孩子学习中的遗漏和薄弱之处，让孩子看到自己知识掌握不扎实的地方，从而使孩子有的放矢地去改善和提高。

整理错题还可以加深孩子对于同类题型的理解，提高学习效率。通过梳理思路、总结方法，孩子可以查漏补缺，提高解题的能力，让成绩更进一步。

建立和使用错题本的误区

有的孩子觉得整理错题的过程很枯燥、很辛苦，还要面对自己曾经的"失败"，于是就很抗拒整理错题，父母不盯着就不做。为了孩子的学习，父母还会忍不住代劳。这样整理出来的错题本，如果孩子不想看，也就失去了意义。

有的孩子整理错题时，过于追求形式，把错题本弄得很美观、很漂亮，殊不知这是浪费时间的行为，这样的错题本并不实用。有的孩子觉得只要把错题和答案工工整整地抄写下来，自己就会做了。然而，只整理好错题，却不使用错题本，也是起不到任何效果的。当孩子的成绩无法提高时，孩子认为自己该做的都做了，但是成绩就是上不去，这下子父母也拿他们没有办法。

错题本对孩子的学习而言是很重要的，父母除了要帮助孩子建立起错题本之外，还要教孩子正确地使用错题本，发挥出错题本最大的功效。

第49招 教孩子分清错题类型再整理

在孩子整理错题之前，父母需要告诉孩子，并不是所有的错题都需要被整理出来。对于学习不太好的孩子来说，如果不分类型，就把所有错题都搬到错题本上，对孩子而言是没有任何实际帮助的。这样不仅要花费大量的时间和精力，而且孩子根本没有时间看。

错题主要有三种类型：一是特别简单，但因粗心大意导致的错误；二是题目难度中等，自己有能力写对，却答错的；三是难度较大的题目。第一种类型的错题是没必要放进错题本的，孩子只需改善自己的学习习惯，学会保持专注，减少因粗心而出错即可。第二种和第三种类型的错题就应该被整理进错题本，但是对于这两种类型的题，孩子应该根据易错点的不同进行分类整理，找出自己到底是哪些方面掌握得不够熟练。

第50招 教孩子轻松地整理错题

很多孩子整理错题时一直在不停地抄写，这样不仅很累，效率也很低。父母可以教孩子一些更轻松的方法去建立错题本。对于题目简短的错题，孩子可以直接抄写；而题目过长的错题，则有两种解决方法，一种是直接把原题剪下来粘贴到错题本上，另一种就是化繁为简，用简化的叙述或用符号来代替大段的文字，孩子自己能理解即可。

父母还可以使用手机软件和打印机来帮助孩子整理错题。错题本软件不仅可以拍照录题，还能对错题进行分类管理。孩子可以把错题打印出来贴在错题本上，这样更节省时间，更方便快捷。

比起题目和正确答案，更重要的是孩子要在错题本上写出做错的原因，以及对错题的分析和总结。这样才能让孩子真正地理解解题思路，将知识内化，错题不会一错再错，即使题目变形也能答对。

在错题本上，孩子还可以记录一些不太熟练或理解不透彻的定理和公式，以及一些解题的技巧，这能够让错题本发挥更大的效能。

第51招　教孩子正确地使用错题本

错题本并不是只在考试前复习才看，孩子可以利用课间、饭后、坐车、睡前等日常的碎片化时间，来复习错题本上的定理、公式、单词、词组、语法等需要记忆的内容。在放学后、周末和假期时，孩子则需要重做错题，或者把错题组合成试卷打印出来重做。

写作业
不愿动脑筋，怎么办

　　不主动思考，是孩子学习效率低下，成绩不理想的主要原因。这样的孩子往往把学习当作不得不完成的任务，作业写完就算是完成任务了。对于这种现象，父母需要先给孩子"把脉"，弄清楚原因再对症下药。

一不会就喊"妈",怎么办

写作业时遇到一点儿困难,晨晨就会迫不及待地喊妈妈来帮他,多的时候几乎每隔几分钟就喊一次,让妈妈头疼不已。

针对孩子一做作业就喊"妈"的问题，父母需要根据具体情况来分辨和处理，区分的标准就是孩子是否具有独立完成作业的能力。在小学低年级阶段，除了少数天资高、基础好的孩子外，大部分孩子在刚上学时，都会有不认识的字、读不懂的题目和不会做的题，这时孩子确实需要父母辅导。当然，父母的这种辅导需要逐渐地减少。

如果孩子明明具备了独立完成作业的能力，但还是会习惯性地叫"妈"，原因可能是孩子不会独立思考。

孩子不会独立思考的根源

当孩子小的时候，遇到困难会本能地向父母寻求帮助。因为父母是孩子最依赖的人，这是孩子的天性，孩子知道父母每次都会帮助他们。这就让孩子对父母产生依赖，孩子在做作业遇到困难时也会向父母寻求帮助。

有的父母在孩子遇到问题时，出于节省时间的目的，会直接把答案告诉孩子。还有的父母在给孩子讲题时，如果孩子表示听不懂，就没了耐心，也会直接告诉孩子答案，甚至帮孩子完成作业。这会让孩子认为，有不会的题目就去找父母，肯定能得到答案。久而久之，孩子就会懒得思考，遇到难一点儿的题就不想动脑子，甚至连题目都不想看，想直接得到答案。

还有的孩子遇到难题就找父母，则是因为孩子对自己没有信心，觉得自己答不出来，认为自己不能独立完成任务，遇到困难也不敢去尝试，索性就直接放弃，向父母寻求帮助。

给父母支招

想改变孩子遇到困难就求助的情况，父母可以试着采取以下的方法，培养孩子独立思考和自主解决问题的能力。

第52招 给孩子准备好查询工具

孩子有不会写的字和词时，父母可以鼓励孩子自己去查询答案。对于自己查到的答案，孩子的印象会更加深刻。父母可以根据孩子的年龄，给孩子准备合适的字典、词典等工具书，并且教会孩子使用方法。

如果孩子一开始嫌麻烦，不愿意使用这些工具书，父母可以带着孩子一起用，并慢慢地引导孩子自己独立使用。父母也可以和孩子展开比赛，看谁查字典查得更快，从而激发孩子对工具书的兴趣。

当孩子做作业的时候，父母要提醒孩子提前把工具书准备好，放在书桌上面，避免需要使用的时候再花时间去找，分散了孩子的注意力。

第53招 鼓励孩子大声朗读题目

当孩子带着问题来找父母的时候，父母可以让孩子大声地把题目朗读出来。很多时候，孩子是因为审题不清或是没有弄懂题意才不会写的，有的孩子甚至是因为懒得读题，只想直接得到答案。这时候，父母就要让孩子把题目读一遍，而且在读的时候要引导孩子去思考题目的意思和要求。如果读一遍还是不明白，就让孩子多读几遍。一般读过几遍题目之后，孩子可能就会恍然大悟，知道怎么解答了。大声朗读题目就是为了让孩子获得自己解题的乐趣。

孩子读过题目之后，父母不要急着给孩子答案，要引导孩子独立思考。比如，孩子遇到数学难题时，父母可以先让孩子复述一遍题目，然后提问孩子："你不明白哪个部分呢？你觉得这道题考察的是哪个知识点呢？"通过这样的引导，帮助孩子更清晰地认识到问题的本质，激发孩子思考的欲望。

第54招　教孩子解决问题的方法和思路

孩子遇到难题的时候，与其告诉孩子答案，父母不如给孩子提供一些解题思路和解决问题的方法。当孩子学会这些方法后，就可以自主解决问题了。

比如，孩子在解答数学题时，父母可以教孩子通过题目搜集有用和关键的信息，先让孩子看看根据这些已知的条件，可以得出些什么结果，或者与孩子一同分析如何才能一步步地得到题目所要求的结果。在这个过程中，父母要引导孩子理清思路，在关键的地方给孩子一些提示，让孩子自己得出答案。

经常抄别人的作业，怎么办

　　语文老师布置了一篇作文。小松不会写，就找同学的作文借来抄了一篇。结果回到家就被妈妈发现了。

案例分析

作业是老师用来检查孩子学习情况，帮助孩子巩固所学知识的重要方法。可是，有些孩子总是习惯抄同学的作业，想要蒙混过关，这是一种不好的行为。父母在纠正孩子之前，要先弄清楚孩子抄袭作业的原因。

有的孩子对学习缺乏兴趣，学习态度不端正，上课不认真听讲，导致作业不会做，为了应付老师，他们就会把作业"一抄了之"。有的孩子比较贪玩或喜欢偷懒，总是把作业抛到脑后，到了该交作业的时候就用抄袭来敷衍了事。有的孩子抄别人的作业，是因为自卑心理，他们总是怀疑自己作业的准确性，认为别人写的一定是对的。还有的孩子抄作业是为了维护自尊心，避免因为作业出错受到老师的批评和同学的嘲笑。此外，如果作业过多，孩子来不及做，也会出现抄作业的情况。

经常抄袭作业的弊端

孩子经常抄别人的作业，就无法真正地掌握知识。老师在课堂上传授的知识，需要孩子在做作业的过程中进一步领会、消化和吸收。如果孩子总是抱着"应付差事"的想法，逃避做作业，学再多的知识都会忘记。

经常抄作业不利于孩子思维能力的发展。人的大脑就像机器一样，越用越灵活。如果总是不思考，孩子的大脑就容易"生锈"。没有分析问题和解决问题的实践机会，孩子自然就很难养成独立思考的能力。

抄作业还会让孩子产生依赖性。如果孩子习惯了从别人那里直接得到答案，当需要自己独立答题的时候，孩子就会手足无措。

给父母支招

抄作业是对自己学习的不负责任，父母可以采用下面的方法，帮助孩子改掉抄作业的坏习惯。

第55招 询问孩子抄作业的原因

有的父母在知道孩子抄作业时，会气急败坏地指责孩子："你居然抄别人作业。"或是说一些"你让我以后怎么相信你"之类的话，这会严重挫伤孩子的自尊心，摧毁父母和孩子之间的信任，不利于孩子改正错误。

在发现孩子抄作业时，父母要耐心地和孩子沟通交流。父母可以问孩子："是因为作业太简单，所以你不想浪费时间了吗？""是因为作业太难，你想参考别人的解题思路吗？""是不是作业太多了，你写不完？"在提问的时候，父母可以观察孩子的态度，听听孩子是如何回答的，然后根据具体情况和孩子一起探讨解决办法。

第56招 引导孩子独立完成作业

有的孩子自控力比较差，没有养成良好的学习习惯。想帮助这样的孩子养成独立完成作业的习惯，父母需要进一步关注孩子的学习情况，适当地督促孩子完成作业，并且定期检查孩子的作业，确保孩子不再抄袭。

如果孩子因为作业量过多，做作业的时间过短而抄作业，父母就可以考虑给孩子适当减少一些作业安排，除了老师布置的作业之外，尽量少给或是不给孩子安排作业。这样孩子就不会因为害怕完不成作业而抄袭了。

如果孩子是因为作业有难度而抄袭，父母可以视情况给孩子做一些辅导，帮助孩子解决在学习和做作业中遇到的问题。

学习和做作业是有乐趣的，但是如果孩子没有体验到这种乐趣，就不容易对学习和做作业产生兴趣。父母可以让孩子试着自己解答一道题，从简单的题目开始，让孩子体验自己动脑筋思考解决问题的乐趣，并且跟孩子强调这样得来的答案是孩子自己辛勤劳动的成果。这样，孩子就会慢慢地喜欢上做作业。

第57招 ◀ 制定适当的奖惩规则

当孩子独立完成一次作业的时候，无论答案是否正确，父母都要及时夸奖孩子态度认真，有进步。为了帮助孩子养成独立完成作业的好习惯，父母还可以和孩子一起制定适当的奖惩规则。如果孩子再出现抄别人作业的行为，就要重做作业、多做几道题、多抄几页生字或是多背几个单词等。如果孩子能够在一段时间内坚持独立完成作业，父母就可以给孩子一些合理的奖励。

简单的题目，教几遍也不会，怎么办

妈妈给月月辅导作业，一道题讲了三四遍，月月还是一脸听不懂的样子。妈妈既无奈又气恼，只好换爸爸上场，可月月还是不会。

给孩子讲题时，一道题反复讲很多遍，可孩子就是不明白。很多父母都会感到"心累"，甚至怀疑孩子的智商。其实，父母之所以觉得孩子"笨"，可能是因为陷入了"知识诅咒"的陷阱。

知识诅咒

"知识诅咒"是一个心理学术语，指的是我们在学会某个知识或是熟练掌握了某项工作之后，就会认为它们很容易，当别人学习这些知识或从事这些工作时，我们会认为对方也能很快掌握。因为这种错误的认知，在辅导孩子学习的时候，父母会根据自己的知识水平进行讲解，没有从孩子的角度去考虑和看待问题，也不能准确地评估孩子掌握知识的程度，从而出现教了好几遍，孩子还是不理解的情况。

简单的题目父母给孩子讲了很多遍，可孩子还是不会，原因基本上有三种。

一是父母的讲解孩子听不懂。有的父母在给孩子讲题时，采用的方式超出了孩子当前的学习水平，导致孩子觉得很复杂。孩子听父母的讲解就像听天书一样，一头雾水，根本听不懂。

二是孩子的理解能力比较弱。每个孩子的理解能力不同，有的孩子理解能力比较好，听一遍就能理解，可以迅速地吸收和运用知识。而有的孩子理解能力比较差，听完以后需要一定的时间消化和吸收。

三是孩子的基础比较差。如果孩子在之前的学习中没有打好基础，后面再学习新的知识时就会出现跟不上的情况，这就导致孩子的学习进度落后。这时父母再给孩子讲题，孩子也很难理解。

辅导孩子的作业，让孩子真正地理解和掌握知识，才是最终的目的。父母可以采用下面的方法，做到细心观察、耐心教导，并给予孩子及时的鼓励。

第58招 讲题时注重中间步骤

相比于孩子，父母的知识水平高很多，懂的道理自然也更多。这就是一种信息差，导致父母很多时候会高估孩子的能力，讲题时容易出现一步到位的情况。父母给孩子讲题，务必要注重中间步骤的讲解，这些才是让孩子理解的关键。

给孩子讲题时，父母可以借用孩子已知的知识和信息进行讲解，或是采用拆分的方法，化复杂为简单，让孩子既容易理解，又不会因为讲解内容太难而失去兴趣。比如，在给孩子讲解"$5 + ? = 11$"时，父母知道这是加法和它的逆运算，而孩子可能只知道加法，并不懂其中的逻辑关系。给孩子讲解时，父母可以借助实物工具来给孩子讲解"$5 + 6 = 11$"和"$11 - 5 = 6$"，让孩子在动手的过程中，慢慢理解其中的逻辑关系。

父母在给孩子讲题时，需要意识到知识的接收者是孩子，不是自己，父母要站在孩子的角度，用孩子理解的方式去讲解题目，采用"傻瓜"式的教学方法，把解题过程拆解成更详尽的步骤，帮助孩子理解。

第59招 讲题时让孩子参与进来

给孩子讲题是一种沟通交流的方式，需要父母和孩子共同参与，不能只是父母在讲，孩子被动地听。想让孩子参与进来，父母在讲解时就要先留意孩子的反应，比如皱眉、注意力转移、提出再讲一遍的要求等微小的表情和身体语言。父母可以边讲边通过孩子的这些表现，观察孩子当前的状态，确认孩子有没有在认真听讲。

孩子在听讲解时，父母可以让孩子参与到讲题的过程中来，比如和孩子一起给题目画重点，让孩子给图形画辅助线，和孩子一起运算等。讲解完毕后，父母还可以问孩子"是否有哪里不明白"，引导孩子提问题。

第60招 讲完题后和孩子击个掌

大部分父母在给孩子讲完题之后，都会要求孩子马上写出答案。这种做法会让孩子感到被逼迫，一下子变得紧张起来，这时他们可能无法静下心来思考，更难以下笔答题。把题讲清楚以后，父母可以和孩子说："刚才讲得很愉快，来，我们击个掌。"这样不仅可以营造一个轻松的学习氛围，还能激发孩子愉悦的情绪，鼓励孩子自己动手把题做出来。

总是拿手机查答案，怎么办

情景展现

写作业时，浩浩遇到难一点儿的题，就会直接打开手机搜题找答案。妈妈很担心，想让浩浩戒掉这个习惯，可浩浩总是做不到。

随着手机搜题应用的问世，很多孩子除了用手机玩游戏、刷视频外，还会用手机搜题、找答案。只要用手机把题目拍下来，答案就会自动跳出来，既轻松又便利，让这类软件收获了很多好评。

手机搜题确实能够在一定程度上给孩子提供必要的帮助。尤其是孩子升入高年级后，父母辅导孩子有些力不从心时，孩子遇到难题可以用手机迅速地找到答案，有助于孩子完成作业，不因为难题而卡住进度。而且，很多搜题软件还能提供解题过程，孩子可以学到解题方法和思路，这也有助于孩子的学习。

但是，孩子过于依赖手机搜索答案，也会带来很多的弊端。孩子长期依赖用手机搜索答案，其实只是机械地从手机上复制答案，却并不真正理解解题过程。长此以往，孩子会逐渐失去独立思考的能力，变得不愿意动脑筋，习惯于寻求现成的答案，而不是靠自己去解决问题。平时没有好好学习，到了考试的时候，孩子就会暴露出真实的学习水平。此外，做作业时频繁使用手机，还会影响孩子的专注力。

引导孩子合理利用手机

任何事都是有利有弊的，用手机查题也是一样。父母需要辩证和客观地看待这个问题，不要用一刀切的方式禁止孩子使用手机。手机作为一个工具，既有利也有弊，关键在于父母如何引导孩子合理地利用手机，把手机作为辅助孩子学习的工具，而不是偷懒的手段。

父母可以使用下面的方法，帮助孩子合理使用手机，让手机成为孩子完成作业的助力。

第61招 制定用手机查题的规则

关于孩子用手机搜索答案的行为，父母可以事先给孩子制定一些规则。首先是哪些题目可以用手机查，哪些题目不可以用手机查。面对复杂的难题、思考之后还是不会的题，孩子可以用手机查，而简单的题目孩子不可以查，必须自己写。这是为了防止孩子养成看到任何题目都用手机搜索的习惯。

其次，父母要限制孩子用手机搜索答案的次数和时间，以免孩子对手机查题产生依赖。比如做作业时，孩子可以用手机搜索答案一两次，如果超过这个次数，父母就要制止孩子用手机查题。同时，孩子搜索问题不能花太长时间，父母可以规定每个科目的查题时间，比如 10 ~ 20 分钟。

再次，父母要和孩子约定，等作业全部完成之后，孩子可以把不会的题目集中起来，再统一用手机查找，这样既能提升做题的效率，又能节省时间。父母不要让孩子一边做作业一边用手机搜索答案，这不是一个好习惯，会影响孩子做作业的连贯性。如果孩子做不到，父母就要在孩子做作业时把手机拿开，让孩子先独立完成作业。

最后，孩子用手机查题时，父母可以在一旁陪伴和监督孩子，不要把手机给孩子之后就完全不管了。对于自控力强的孩子来说，这样做可能没问题，但是对于自控力不强的孩子来说，手机是一个很大的诱惑，他们更容易拿着手机去玩或者去做别的事情，忘记了还有作业要完成，从而降低了学习的效率。

第62招　得到答案后记得追问孩子

有些手机搜题应用除了有正确答案之外，还会附有解题过程和老师的讲解。孩子在搜题时，父母除了让孩子看答案之外，还要让孩子认真地看讲解过程。孩子得到答案之后，父母不要只是让孩子把答案抄下来，还要学会追问孩子，及时询问孩子是否理解解题过程。

父母可以让孩子按照正确答案重新计算一遍，并且让孩子分析一遍答案是如何得到的。在这个过程中，父母可以向孩子提问，帮助孩子将解题思路梳理清楚，并且让孩子将重要的解答部分详细地记录下来，做好笔记。父母还可以和孩子探讨题目涉及的知识点，帮助孩子更好地理解和掌握这些知识点。如果孩子对答案不太理解，父母可以建议孩子去向老师或同学请教。

看到难题，就放弃，怎么办

情景展现

小静在写作业时遇到难题，连琢磨都不琢磨一下就直接放弃了。妈妈说她几句，她还特别委屈。

孩子做作业时看到难题就想放弃，说明孩子有畏难情绪。畏难情绪是大脑的自然反应。困难会带来压力，当孩子感受到压力时，大脑中的杏仁核就会做出反应，使人下意识地逃避带来压力的事情。

孩子逃避困难也有害怕失败的原因。有的父母对孩子的期望较高，孩子为了失败后不被父母指责，面对困难时就会退缩。也有的父母在教育孩子时过于注重结果，导致孩子不敢面对挑战，害怕失败以后丢了面子。

孩子对作业产生畏难情绪，还有可能是因为题目确实比较难。如果题目的难度超出了孩子的能力，孩子怎么尝试都解答不了，难免会产生放弃的念头。

成长型思维

心理学教授卡罗尔·德韦克为了研究人如何面对失败和挫折，曾经做过一个实验。她先是给一些小学生 8 道简单的题目，然后又给他们 4 道难度较大的题目。面对这 12 道题目，这些孩子产生了两种截然不同的反应：一些孩子表露出负面情绪，很快就放弃了，而另一些孩子则想办法攻克难关。

德韦克由此发现人的思维模式分为两种，一种是固定型思维，认为努力没有用，另一种是成长型思维，认为努力可以改变结果。

如果孩子遇到困难容易"撂挑子"，那么孩子就有可能是固定型思维。但是，思维模式是可以改变的。想要转变孩子的思维模式，父母就需要对孩子进行成长型教育，认可孩子的努力，鼓励孩子接受挑战，重视过程而非结果，让孩子永远保持积极的心态。

当孩子有畏难情绪时，父母可以通过以下的方法引导孩子逐步改变思维方式，迎难而上。

第63招 ◀ 通过共情鼓励孩子面对困难

当孩子抱怨作业太难时，父母要注意倾听孩子的心声，不要去评判和说服孩子，要认同孩子的感受，父母可以对孩子说："嗯，确实挺难的。看得出来你确实很郁闷、烦躁。"随后，父母可以让孩子先休息一会儿，或者让孩子做点儿喜欢的事情转移注意力，比如吃点儿零食之类的，过一会儿再来解决问题。

等孩子的情绪好点以后，父母可以和孩子提起他们以往战胜困难的经历，比如孩子之前学会了哪种技能、解决了哪些问题，让孩子对自己产生信心，给孩子积极的心理暗示，让孩子相信自己有能力克服困难。最后，父母可以表达对孩子的信任，告诉孩子："我相信你能解决，我们再试试吧。"

第64招 ◀ 从易到难培养孩子动脑的能力

越是爱动脑子的孩子，越是喜欢迎接挑战，不会轻易放弃。在孩子小的时候，父母就要引导孩子主动动脑筋思考问题。孩子不爱动脑时，父母可以根据孩子的实际情况，从易到难、循序渐进地给孩子创造动脑筋的场景，让孩子通过自己的努力来解决遇到的难题。

父母可以经常带着孩子一起玩猜谜语、编故事以及各种数学和智力游戏，也可以和孩子一起看一些益智类的书籍和节目，鼓励孩子多动脑。

父母可以和孩子探讨一些问题，询问孩子的观点和看法，让孩子有意识地去思考。此外，给孩子分配一些力所能及的家务，也能让孩子在劳动的过程中想办法更好地完成任务。

父母还可以鼓励孩子多参加一些具有挑战性的活动，比如户外探险、运动会等，锻炼孩子的意志力和应对困难的能力。

第65招 让孩子面对难题三分钟

孩子想逃避难题时，父母可以要求孩子先坚持三分钟，尝试自己思考和解决问题。如果孩子实在没有思路，父母可以让孩子先根据题干给出的信息去分析题目涉及的知识点。如果孩子实在分析不出来，父母也可以让孩子参考正确答案，但这并不是让孩子抄答案，而是让孩子在看到正确答案后记住相关知识点，分析和总结解题的思路和技巧。

父母还可以让孩子将同类型的难题整理在一起，通过不断练习直到孩子熟练掌握，由此来克服孩子的逃避心理。

做题不会举一反三，怎么办

情景展现

大力做应用题总是卡壳，同样题型的题，上一道还会写，下一道就不会了。

每次看着大力费力思考的样子，妈妈都替他着急。

同样的题型，换个题目孩子就不会解了；题目反复练习过，换个问法孩子就不会答了；做过的题目总是反复出错……这些都是不会举一反三的表现。出现这些现象说明孩子的逻辑思维能力比较差。

逻辑思维能力

逻辑思维能力指的是正确、合理的思考能力。逻辑思维能力强的人，会运用观察、比较、分析、判断、推理等方法，准确而有条理地表达自己的思维过程。

逻辑思维能力不仅是学好数学、物理等理科科目必须具备的能力，也是学好其他学科，正确处理日常生活问题所需要的能力。逻辑思维并不是天生具备的能力，而是可以在一系列的学习和实践中总结出来的技巧。如果孩子没有经过学习，或没有经过逻辑思维训练，就不能够很好地运用逻辑思维。

逻辑思维能力非常重要，而3～6岁是孩子逻辑思维的敏感期，也是训练孩子逻辑思维能力的关键期。在这期间，如果父母有意识地引导和培养孩子，孩子的逻辑思维能力会得到很大的提高。

"举一"才能"反三"

想要孩子能够举一反三，首先要让孩子能"举一"。这个"一"就是课本上的基础知识和经典例题，孩子只有理解和吃透了它们，才算是真正地掌握了书本上的知识。孩子反复练习经典例题，达到熟能生巧的地步后，再遇到稍加变化的题目时，孩子就知道该如何下手，并且能够做到举一反三。

父母可以根据孩子当前的学习水平，对孩子进行针对性的训练，帮助孩子提高逻辑思维能力，学会举一反三。

第66招 逐步提升孩子的逻辑思维能力

　　培养孩子的逻辑思维能力是一个循序渐进的过程。父母可以先培养孩子的观察力、注意力和记忆力，把孩子的基础能力搭建好。这些能力可以通过一些简单的游戏和活动来锻炼，像找不同、拼图、记忆卡片等。孩子在玩的过程中不仅锻炼了空间想象力和观察力，学会观察事物的细节，还能学会集中注意力，增强记忆力。比如在玩拼图时，父母可以让孩子尝试不同的拼接方法。

　　接下来，父母就可以培养孩子的逻辑思维能力和分析问题的能力。父母可以让孩子玩数独和解谜游戏以及一些逻辑性强的益智玩具，比如逻辑题卡和训练板等，让孩子在这个过程中学会分析问题，提取关键信息，思考问题的逻辑关系，从而找到解决问题的方法。父母还可以多对孩子提问，引导孩子思考和寻找答案。同时，父母还要让孩子学习归纳整理，孩子通过分门别类找到事物的规律，可以进一步增强逻辑思维能力。

　　在上面的基础上，父母可以培养孩子的联想能力和创新思维，通过阅读、创意手工、玩积木等方式鼓励孩子从不同的角度思考问题，发挥自己的想象力，提出新颖的观点和想法。

第67招 让孩子学会"一题多解"

一题多解是从不同的角度和思路去解答同一道题。孩子做数学题时，会发现同一道题经常有好几种解法。孩子做完一道题之后，父母可以鼓励孩子通过其他的方法得出答案。

很多时候，孩子都会倾向于寻找一种便捷快速的解题方法，但这种方法也许不能一下子就得到答案。父母可以引导孩子尝试多种解法，并对这些解法进行比较和分析，从而得出最简便的解法。在这个过程中，孩子可以将所学过的知识融会贯通，提升发散思维，打破思维的局限性。同时，通过比较多种解法，孩子可以找到更适合自己的解题方法，提高做题效率。

第68招 对孩子进行"一题多变"的训练

孩子做题时，父母要提醒孩子不要只是"就题论题"，而是可以在原题的基础上变化条件，如改变问法、变换已知条件和所求答案等，还可以在原题基础上进一步延伸。通过"一题多变"的训练，孩子能够学会对题目进行变换分析，从而拓宽思路，达到融会贯通的效果。

Part

5

写作业没计划、效率差，怎么办

有些孩子不能合理地安排自己的作业和学习的时间，作业总是写不完，复习时毫无头绪，这些都是因为孩子没有时间观念，不会规划。父母可以帮助孩子根据自身的实际情况，制订合理的计划，提高作业完成的速度，进而提升学习效率。

假期不写，开学前狂补作业，怎么办

情景展现

　　每当假期开始，妈妈都会叮嘱小薇每天按时写作业。小薇口头上答应得好好的，可每次快开学时才意识到作业没写完，于是开启连夜补作业模式。

每到开学的时候，很多家庭都会上演相同的一幕：孩子奋笔疾书，埋头苦干，赶在开学之前把假期作业补完，有的孩子甚至在开学前一天熬夜补作业。面对这种情况，有的父母会一边批评孩子，一边帮孩子补作业，有的父母则是忍着怒火监督孩子。

孩子为什么把作业拖到开学才写

假期生活的节奏混乱，会使孩子的作息被打乱。熬夜和睡懒觉容易让孩子推迟做作业的时间，旅行、返乡、走亲访友等活动容易消耗孩子的精力，让孩子产生"回头写""明天做"的念头。

孩子往往不太擅长整体把控和规划较长的时间段。孩子能比较好地安排短时间内的任务，知道"明天做什么"，却不能安排好"这个月做什么""开学前要完成什么"。这导致孩子对于长假把控力不强，容易把作业抛到脑后。

有些孩子在假期开始时会做好计划，把假期作业按假期长度进行分摊，这样他们每天只需要写一小部分的作业即可。这种安排容易让孩子产生误解，觉得假期作业不多，自己随便就能写完，就算今天没写，明天补上就行，结果拖到第二天，孩子仍然是这么想的。直到快开学时，孩子才发现没写的作业有那么多，不得不赶快补。

孩子拖着假期作业不写，也可能和情绪有关。有的父母看到孩子不做作业就会变得很焦虑，不停地催促孩子。可父母越着急，孩子越是不上心。当孩子对父母的催促感到烦躁时，就索性用"不做作业"来反抗父母。

给父母支招

假期中，孩子除了休整之外，还要完成假期作业。父母可以采用下面的方法，帮助孩子按时完成作业，减少开学前补作业的情况。

第69招 做好假期监督工作

想要避免孩子出现开学前疯狂补作业的情况，父母就要从根源上做起，让孩子在假期中按时按量地完成作业。这少不了父母的监督。因为孩子的自制力不强，单凭孩子的自觉很难达到理想的效果，更何况有些孩子在面对假期里的各种诱惑时，根本没有抵抗力，这就更需要父母的监督了。

很多父母都会要求孩子制订假期计划，但并不是孩子制订完计划后就完事了，父母还需要提醒和监督孩子按时完成作业。要注意的是，父母的提醒和监督也要适量，不要让孩子感到厌烦。

孩子完成当天的作业之后，父母可以将孩子的作业检查一遍，这样持续一小段时间，让孩子养成假期及时完成作业的习惯。在检查孩子作业的时候，父母要注意孩子完成作业的质量，避免孩子应付式地做作业。父母也可以隔段时间检查一次，变相地提醒孩子不要忘记假期作业。

第70招 让孩子做短期计划

假期之初，父母要和孩子对各项作业进行整理分类，一起制订假期计划。如果孩子不擅长做长期计划，父母可以让孩子做短期计划，比如一周的计划。同时，父母还可以和孩子商量，让孩子把所有的作业以周为单位进行平均分配，把这一周内需要完成的作业罗列出来并详细地规划。这样相当于把孩子的作业进行了拆解，让孩子更容易执行假期计划。

此外，父母还可以让孩子把计划写在纸上，并贴到醒目的位置，起到提醒的作用。当孩子完成一项任务后，就在相应的位置打钩，让孩子对任务的进度一目了然。

第71招　提前调整孩子的生活节奏和作息

开学前的半个月或一周，父母就需要帮助孩子调整生活节奏和作息。经过一个假期的休息，很多孩子的状态会比较松弛懒散，他们需要经过一段时间的调整才能慢慢地把心收回来。父母可以和孩子约定好，从某天开始做到早起早睡，按照上学时的作息时间起居和学习，同时检查和督促孩子完成假期作业。如果未完成的作业比较多，父母要让孩子列出计划及时补上，避免孩子在开学前"挑灯夜战"。

放学就玩，该睡觉了才想起作业没写，怎么办

情景展现

小峰放学回家以后先是吃零食，又吃了饭。饭后，他打开电视机开始看动画片，直到妈妈提醒他该睡觉了，才发现作业还没写。

案例分析

　　孩子放学回家就玩，不主动做作业，这主要是因为孩子还没有养成回家就做作业的习惯。这种现象在一年级的孩子身上最为常见，一年级的孩子还处在从幼儿园到小学的适应阶段，经常会忘记做作业。

　　孩子之所以放学后常常磨蹭一会儿，做些别的事情，是因为经过一天紧张的学习，他们需要放松身心，喝水、吃东西、休息这些都只是孩子自我调节的方式而已。

　　很多父母也明白孩子放学之后确实需要放松和休息，为接下来的学习做好准备。然而，看见孩子放学回家以后不做作业，父母还是会忍不住催促孩子。父母这么做，主要是害怕孩子养成拖延的毛病。如果不让孩子回到家就做作业，孩子就会只顾着玩，忘记作业的事。

　　有的父母催促孩子放学后就做作业，是觉得孩子刚刚结束了一天的学习，对知识的记忆还很清晰，趁着这个时候做作业效率会更高，效果也会更好。

先玩还是先做作业好

　　其实，孩子放学回家后先玩还是先做作业，这个问题并没有标准答案。经过一整天的学习，孩子往往会感到十分疲惫，此时父母强制孩子做作业，只会让孩子更疲倦，影响学习效率。而且，孩子在父母的催促下，也未必会把心思放在做作业上。

　　父母与其纠结让孩子先玩还是先做作业，不如关注孩子的学习习惯。如果孩子在玩过之后能够及时并认真地完成作业，那父母不妨让孩子在放学后先休息一下。但是，如果孩子不能够及时完成作业，那父母就需要帮助孩子改正这个问题，养成良好的学习习惯。

如果孩子总是因为玩耍而忘记做作业，影响休息和学习，父母可以采用以下的方法帮助孩子纠正这个习惯，让孩子更好地平衡学习和玩乐。

第72招 和孩子沟通做作业的事

如果孩子经常因为贪玩而忘记做作业，父母可以和孩子沟通一下。假如孩子处在低年级，父母可以和孩子说："你现在是小学生了，不再是幼儿园里的小朋友了。小学生每天都是有任务要完成的，这个任务就是老师布置给你的作业。作业是要你自己完成的，爸爸妈妈希望你每天能及时把作业写完，不耽误你睡觉的时间。如果你能早点儿写完作业，爸爸妈妈还能陪你一起玩呢！"

当孩子长大一些，父母可以和孩子说："我发现你最近经常忘记做作业，该睡觉的时候又在补作业。这样下去对你不太好，因为如果你休息不好，第二天就起不来，上课也没精神。我想你肯定也不想这样，对于这个问题你是想自己解决，还是让我们帮你解决呢？"

父母可以告诉孩子自己想出来的解决办法。如果孩子选择自己解决，父母就不要再干预，既不要催孩子做作业，也不要催孩子睡觉，让孩子自己去做。哪怕孩子短时间内改不过来，假以时日他们还是会有所改变的。等过一段时间，父母再和孩子讨论这件事。那时孩子可能已经解决了这个问题，也可能仍然需要帮助。这时候，父母可以和孩子探讨问题的根源在哪里，怎么解决比较好。

第73招 约束孩子的放松时间

　　结束一天的学习后，孩子回到家想要休息一会儿是没问题的。不过，很多孩子容易沉迷于电视、游戏或其他休闲娱乐的活动中。为了不让孩子的放松和休息变成无休止的拖延和沉迷玩乐，父母就要对孩子的放松时间进行有效的约束，尤其是那些自控力不强，没有养成自主学习习惯的孩子。

　　父母可以和孩子一起商量一个放学后的"自由时间"，比如半小时到一小时。孩子可以在这个时间里做任何喜欢做的事情，无论是吃东西、玩游戏，还是看书、出去玩，都是可以的，但是时间一到，孩子就必须开始做作业。如果孩子今天多玩了10分钟，那么明天就要提前10分钟做作业。这样既能让孩子得到必要的放松，又能避免出现孩子拖延的情况，还能培养孩子的自我约束能力。

总觉得作业无从下手，怎么办

琪琪每天放学回家后，都会对着作业发呆，不想写。妈妈觉得很奇怪，明明作业不多，为什么琪琪每次面对作业都无从下手呢？

　　孩子上了小学以后，就要每天做作业了，而且随着年级的增长，孩子的作业量会逐渐增加。面对老师布置的作业，有些孩子可能会无从下手，甚至产生逃避心理，想要晚点儿再做，甚至干脆不做了。孩子的这种行为隐藏着一些心理动因。

　　如果孩子将要面临一件他们觉得很难的事情时，就会出现拖延或逃避的行为。当孩子觉得作业过于繁重时，他们会变得完全没有思路，甚至对作业产生恐惧心理，表现得不知所措。有的孩子可能会东抓一把，西抓一把，却仍然没有头绪。

对作业进行合理规划

　　当孩子处在小学时期，特别是低年级阶段时，做事情基本是没有规划的。实际上，孩子的作业并不多，但是在他们看来却是多如牛毛、浩如烟海。如果孩子没有规划能力，面对作业就会无从下手。

　　在孩子小的时候，父母就要培养孩子的规划意识和能力，也就是做事情的计划性。尽管孩子的思想和能力可能不够成熟和完善，但父母可以让孩子尝试着自己做规划。具备良好的规划能力，对于孩子未来的学习、工作和生活都有着很重要的意义。

　　想要培养孩子的规划能力，父母可以从日常简单的任务，像孩子的学习和作业开始，给孩子自主决策的机会。在这个过程中，父母需要耐心和持续地引导孩子，让孩子从实践中不断积累经验，逐步提高自己的规划能力。

当孩子觉得作业繁重时，父母可以用下面的方法，引导孩子将作业分类并逐步完成，从而减轻心理压力，提高学习效率。

第74招 按难易程度给作业分类

当孩子面对多科目的作业时，父母可以教孩子在完成作业之前先对作业的难易程度做一个预估，然后根据每项作业的难易程度进行"等级"的划分。比如，孩子觉得语文作业最简单，数学作业最难，英语作业排在中间，父母就可以让孩子根据难易程度的排序，先从最容易的做起，最后再做最难的。

当孩子把最容易的都做完以后，就只剩下最难的作业了。虽然还有难题没有解决，可是大部分作业都已经完成了，这会让孩子心里感觉轻松很多。孩子带着这种情绪再去解决最难的作业，就不会那么排斥了。而且孩子会有足够的耐心去研究难题，也更容易集中注意力。

第75招 按轻重缓急给作业分类

作业除了可以按难易程度分类外，还可以按轻重缓急来分类。父母可以教孩子根据作业的轻重缓急，将作业分为重要且紧急、重要不紧急、不重要但紧急、既不重要也不紧急四种类型，先完成最重要、最紧急的作业，其他的可以放在后面按序完成。

第76招 按内容给作业分类

　　孩子可能会有各种类型的日常作业和寒暑假作业，一些作业孩子可以独立完成，一些作业可能需要父母辅助才能完成。父母可以和孩子一起把作业进行分类梳理，明确各科目的作业内容，然后做好计划，让孩子按照计划执行。当孩子有了明确的计划和思路，就不会着急，更不会焦虑了。

　　像听说读写和背诵类的，孩子可以独立完成的作业，就应该由孩子自己独立完成。孩子可以按照各科目的作业量分配好，并按时完成作业。如果是寒暑假作业，则可以按天分配。这部分作业的分类是孩子可以自行规划的，父母可以给孩子建议和指导，但是不要过多地干涉孩子。

　　对于孩子没有思路，需要父母辅助完成的作业，比如作文等，父母可以给孩子提供一些素材，"抛砖引玉"，引导孩子通过自己的思考去完成。

　　还有些作业需要父母协助完成的，比如各种社会实践等，父母可以带孩子一起去，但其中的观察、体验和最后形成实践报告，都需要由孩子自己完成。

做作业前不复习，怎么办

 情景展现

　　小北的作业总是要用很长时间才能写完。妈妈一开始觉得很奇怪，后来才发现，原来小北每次都不复习，直接写，时间都花在发呆上了。

尽管老师强调过复习的重要性，可是很多孩子回到家后还是打开作业本直接就写，或是一边翻书、看笔记，一边做作业。这样做作业要么是速度不快，效率低下，且耗时很长，要么就是完成的质量不高，孩子作业没少写，但成绩却不见提高。

孩子为什么不复习就做作业

不复习就做作业，说明孩子不够重视复习这件事，把复习当作可有可无的事情。孩子急于完成作业，态度上并不认真，只是为了完成而完成，他们认为不复习也能做作业，于是就胡乱地写完了，作业的完成质量并不好。

很多孩子认为复习很耽误时间，如果先复习再做作业，作业就写不完了。这是因为孩子不懂得"磨刀不误砍柴工"的道理。其实，一边翻书、看笔记，一边做作业更费时间，而且也不利于集中精力。

先复习再做作业的重要性

做作业的目的是巩固所学的知识。经过一天的学习，孩子未必能够将所有知识都牢牢记住。复习能够帮助孩子将上课学到的知识转化为深刻的记忆，避免遗忘。复习之后再做作业，就相当于把作业当作一次检测，使作业的效果最大化。

孩子在做作业之前，要把学到的知识复习一遍，加深理解和记忆。很多定义、公式、单词和诗词都需要经过反复的复习才能够理解、吃透，掌握得更加熟练。先复习再做作业，孩子就能够更加得心应手，学习效率就会更高。

复习是一个很好的学习习惯。父母可以采用下面的方法，帮助孩子改变学习方法，端正学习态度，把复习变成孩子的一种习惯。

第77招 做作业前花半小时复习

在孩子做作业之前，父母可以让孩子先拿出半个小时复习，把该复习的知识点先看一遍，该背的先背下来，该理解的先理解透彻，将知识都融入大脑，再动笔做作业。如果孩子不愿意复习，父母要耐心教导孩子，让孩子知道复习是必须要做的。学习的目的是掌握知识，而不是做题。孩子之所以觉得作业难，作业写得慢，其实是因为不熟悉或不会题目对应的知识点。通过复习可以在一定程度上解决这个问题。

特别是学习成绩一般，甚至不太好的孩子，一定要在做作业前做好复习工作，这样才能够把知识学得更扎实，不仅作业能够做得好、做得快，还能在考试中取得好成绩。

第78招 让孩子知道自己该复习什么

不同于期末考试前的复习，孩子平时的复习中有两项重要的内容，一项是老师当天在课堂上讲授的知识，一项是自己没有掌握的知识。

复习老师讲过的知识，是因为根据艾宾浩斯遗忘曲线，人在学习新知识之后的遗忘速度最快。但是经过有规律地复习之后，记忆就会进入一个平稳期，知识就会被牢牢记在脑海里。这个过程也是把短期记忆变成长期记忆的过程。所以，在学习新知识之后立刻复习，孩子就能够强化对知识的记忆。

同时，复习自己没有掌握的知识也很重要。孩子在上课时有不理解的内容，除了向老师、同学请教弄清楚之外，也不能忘记要着重复习。这些知识是很重要的，不要因为孩子不理解就糊弄过去，否则，这些没掌握的知识日积月累就会成为难以弥补的"漏洞"。

第79招　用零碎的时间复习

很多孩子和父母认为复习一定需要很多时间，孩子必须在回家之后才能复习。这种想法其实是错误的。真正的复习并不一定需要专门一段的时间。做作业之前先复习，这个"前"不一定非要在孩子回家之后，也可以是孩子白天在学校的时间，比如课间、午休、自习课等。利用这些时间，孩子可以把新学的生字和单词背一背，把概念和定理记一记，把公式推导一遍，这样的复习用不了太长的时间，但是如果能够坚持下来，效果会很不错。

今天的作业常常拖到明天写，怎么办

 情景展现

　　每天放学回家该写作业时，小远都不愿意写。催他，他也不写。他的作业常常都是拖到明天才赶着写完的。

案例分析

　　俗话说："今日事今日毕，勿将今事待明日。"父母经常告诫孩子，今天的事情要在今天做完，可是总有些孩子会把今天该写的作业拖到明天。这样的孩子大多是时间管理意识不足，没有养成自律性。

时间管理

　　时间管理指的是通过一系列方法、技巧和策略，规划和分配个人的时间，以达到更高效的学习、工作和生活状态。时间管理可以帮助我们更好地掌控自己的时间，减少时间浪费，优化时间安排，提高学习和工作效率。

　　能管理好时间的孩子，不仅能够轻松地完成学习任务和课后作业，还能有充足的时间去做其他事情。而不会时间管理的孩子，学习效率也变得低下，容易浪费时间。当孩子习惯把今天的事情拖到明天，明天的事情拖到后天，就会养成拖延的坏习惯。

　　孩子的时间十分宝贵。如果孩子总是抱着能拖一天算一天的心态，凡事都想"明天再说"，就会在各种事情上浪费时间，甚至有可能荒废了学业。

培养孩子的时间管理能力

　　想培养孩子的时间管理能力，父母首先需要改掉催促唠叨孩子的习惯。父母不催促并不代表完全不管孩子，而是应该有步骤、有技巧地帮助孩子。另外，父母需要牢记，教孩子时间管理，是为了提高孩子的效率，使孩子能够兼顾学习和生活，而不是为了挤出更多时间，给孩子安排更多的事情。

想帮助孩子有效地利用时间，提高效率，父母可以尝试下面的方法，帮孩子养成良好的学习习惯。

第80招 和孩子约定做作业的时间

做作业的时间不固定，容易让孩子产生偷懒、拖延的心态。父母最好和孩子协商一致，确定一个固定的作业时间。按照约定，孩子每天到了这个时间就要去做作业，不能够做别的事情。这样一来，孩子就没有拖延的借口了。

如果孩子忘记了做作业的时间，父母可以借助闹钟来提醒孩子，做作业的时间到了。闹钟可以用来替代父母的提醒，不让孩子反感。当孩子想要要赖时，父母可以指出这是事先的约定，让孩子无法反驳。

第81招 和孩子一起制定日程表

想让孩子井井有条地安排好自己的学习和生活，早日学会自我管理，父母可以先从安排孩子一天的作息开始。父母可以让孩子尝试着把每天需要做的事情罗列出来，假如孩子有遗漏的地方，父母要适当地提醒孩子并补充和修正。

孩子的一天不可能只做一件事，所以父母需要给孩子规划好完成每件事情的时间。当孩子有了时间的概念之后，父母可以让孩子设想一下完成一件事情需要用多长时间，并据此做好相关的安排。鉴于孩子做事的效率要比成年人慢一些，实际上用的时间可能会略多，父母需要提醒孩子把这部分可能多出来的时间加进去，让孩子的时间安排更加宽松灵活一些。

每天入睡之前，父母可以和孩子一起对日程表进行一次复盘。如果孩子有没按计划完成的事情，父母可以和孩子一起分析没有完成的原因，帮助孩子及时改进。父母还要让孩子在第二天把没做的事情完成，同时告诉孩子，拖延只能获得短暂的愉悦，该做的事情还是要做。

第82招　适当使用"激将法"

父母想让孩子坚持完成作业，有时候光靠鼓励也许不能达到好的效果。这时候，父母可以适当地采用"激将法"来激励孩子。比如，父母可以和孩子说："我们打了个赌，妈妈认为你今天一定能写完作业，可爸爸不信。"孩子为了赢可能会变得愿意去做作业，并且尽力完成作业。需要注意的是，父母采用"激将法"需要在了解孩子性格的基础之上，语言上要适度，不要刻意贬低孩子，以免孩子的自尊心受到伤害。

每天应付作业，学习没计划，怎么办

情景展现

对于作业，小雪从来都是应付了事。妈妈让她去复习，她也不知道该复习些什么，坐在桌子前随便地这翻翻，那看看。

作业写完，可以玩了！

下周就期末考试了吧？

是的。

上次都没考好，这次你复习复习。

从哪儿复习啊？

　　有些孩子的学习主动性不强，他们虽然也会做作业，却不认真对待，而且他们的学习缺乏计划性，想到哪里就学哪里，学了后面忘前面。这些孩子往往状态好的时候就一通猛学，状态不好的时候就随便应付，他们虽然看上去很刻苦，可是成绩却不好。

学习计划很重要

　　学习计划通常包括学习目标、学习内容、时间安排和学习方法等方面，它可以合理地安排和规划孩子的学习过程，帮助孩子明确学习任务，合理分配学习时间，提高学习效率。有了学习计划，孩子就能够更好地学习，不断地取得进步。

　　有了学习计划，孩子就知道该学什么，每天可以按照计划按部就班地学习。而没有学习计划的孩子要么需要经过思考后才能着手，要么毫无头绪、一团乱麻，既浪费时间，又降低效率。

　　学习计划还能够调动孩子的主观能动性。很多时候，孩子的态度懒散，没有主动学习的意识，往往是因为他们没有目标。而学习计划中设定的目标能够调动孩子的积极性，鼓励孩子克服惰性。

计划要适合孩子

　　很多学霸都有自己一套行之有效的学习计划。很多父母将学霸的学习计划奉为圭臬，要求自己的孩子也照此执行。可是，适合别人的方法未必适合自己的孩子，按照学霸的计划学习，未必就能成为学霸。不适合孩子的计划，不仅在实施的过程中会出现各种问题，导致计划无法顺利完成，还容易引起孩子的不满。

"凡事预则立，不预则废。"好的学习计划能够使孩子的学习更高效。父母可以采用下面的方法，帮助孩子制订一个针对性强的学习计划，提升孩子的学习水平。

第83招 ◀ 分析孩子的现状

在制订学习计划之前，父母要和孩子一起，对孩子的个人特点和学习情况进行详细的分析。

每个孩子的特点各有不同，有的孩子理解力强，学一遍就能懂；有的孩子记忆力好，背一遍就能记住；有的孩子动作慢却很仔细；有的孩子动作快但容易马虎。因此在制订计划时，父母要根据孩子的特性，确定适合自己孩子的学习方法。

孩子的学习情况也是制订计划时要考虑的因素。孩子的整体学习情况可以根据孩子在班级中的成绩排名来确定，父母也可以向老师进行问询。孩子单个科目的学习情况可以用孩子该科目现在的成绩和过去进行对比，看是进步还是退步。随后，父母就可以有针对性地确定目标并制订计划，帮助孩子提高成绩。父母还可以对孩子进行测试，分数低的科目、扣分多的地方，就是孩子需要提高的地方。

孩子的学习目标要明确，比如考试提高20分、每天背10个单词等。太过笼统的目标不便于对照和检查。学习目标还要适当，过高的目标容易使孩子丧失信心，最终无法实现目标，这样计划就成了一纸空文；而过低的目标孩子会觉得没有挑战性，这样计划就失去了意义。

第84招 和孩子共同制订计划

在制订计划时，父母应该充分参考孩子的意见，让孩子参与到计划的制订中来。因为计划最终是由孩子来实行，所以计划必须得到孩子的同意，这是保证计划能够完成的前提。

在和孩子商量计划的内容时，父母可以给孩子提供一些建议供孩子参考，比如每天多背几个单词或是多做几道题。孩子也可以提出自己的想法。只要孩子的想法合理，有充分的理由，哪怕和父母的预期有所偏差，父母就应该表示支持。

第85招 做好复盘和调整

当孩子每天完成计划之后，父母可以与孩子一起复盘，把完成的内容做好标记。对于没有完成的内容，父母可以让孩子找找原因，然后和孩子商量把没有完成的任务，作为明天的计划继续完成。如果孩子执行起来确实有困难，父母可以适当地调整计划。

在这个过程中，父母要保持耐心，认真倾听，鼓励孩子说出内心的真实想法，不要因为孩子没有做到就去批评责骂他们。

Part

6

写作业没有
内驱力，怎么办

想让孩子主动学习、积极地完成作业，根源上需要提升孩子对于学习的内在驱动力。父母要培养孩子学习的主动性。孩子形成自主学习的意识并且养成习惯后，就不需要父母再监督和催促了。

用做作业谈条件，怎么办

妈妈一让小云写作业，小云就讲条件，不是要吃薯片，就是要看动画片。妈妈不答应，她就不写，怎么讲道理都不管用。

案例分析

有的孩子做作业时总爱和父母讲条件，吃零食、看电视、玩手机、玩游戏都能成为谈判筹码。有的父母为了让孩子好好做作业就会答应孩子的条件。当孩子尝到"甜头"后，就学会通过讨价还价去"威胁"父母，丧失了学习的主动性。而有的父母则会用很强硬的态度拒绝孩子，甚至责骂孩子。这会让孩子感到父母不尊重自己，内心很受伤。

孩子为什么谈条件

孩子用做作业谈条件，说明孩子的学习意识和学习态度有问题。孩子没有对学习产生兴趣，也没有意识到学习是自己的事情，孩子认为自己是在给父母做作业，父母应该给自己一些"报酬"，满足自己的一些条件。

孩子做作业时谈条件，还可能是因为孩子在学习中遇到了问题，比如成绩不好导致孩子厌学。随着年级的增长，学习内容的难度增大导致作业的量和难度增加，这些都会让孩子对学习和做作业产生畏难情绪，出现用做作业谈条件的情况。

孩子喜欢谈条件，也可能是对父母的反抗。父母平时凡事都替孩子做主，并且强迫孩子接受。随着孩子渐渐长大，就会用谈条件的方式去反抗父母。孩子知道父母注重自己的学习，所以作业就是孩子最好的筹码，尤其是青春期的孩子更会乐此不疲。

父母习惯用谈条件的方式教育孩子，也会让孩子养成谈条件的习惯。有些父母图省事，会用一些条件"利诱"孩子听话，比如"你听话就给你买"之类的话语，孩子习以为常后，在做作业时也会和父母谈条件。

在做作业这件事上，父母要避免和孩子谈条件，并通过明确界限和鼓励来激发孩子的学习动力，帮助孩子建立正确的学习观念。

第86招 明确拒绝，确定界限

面对孩子的讨价还价，父母需要坚守自己的底线和原则，以免孩子形成凡事都可以谈条件和"只要孩子提出，父母就一定会答应"的认知。当孩子提出要父母答应他们的条件才去做作业时，父母要予以明确的拒绝，同时说明理由，比如"你已经看了半小时电视了，再看今天晚上可就写不完作业了。如果好好商量，可能我会考虑一下你的要求，可是你用做作业来威胁我，我肯定不会满足你的。而且我们早就说好了，到时间你就去做作业，你可不能食言哦"。

父母还需要告诉孩子，学习和做作业是孩子自己的事情。如果孩子不想做作业，就必须自己承担不做作业的后果。父母既不会强迫孩子去做作业，也不会为了让孩子做作业而和孩子谈条件。

第87招 询问孩子讨价还价的理由

父母在拒绝孩子要求的时候，还需要问一问孩子这样做的理由。孩子讨价还价的行为虽然不值得鼓励，但是孩子这样做必然有着他们的理由。父母可以问孩子："你为什么不想做作业呢？是不是作业太难了不想写？还是今天上学有点儿累了？"这样一来，孩子虽然被拒绝了，但是父母的询问也能让孩子感受到关心和尊重，从而更愿意说出自己真正的需求。

当孩子说出自己的想法时，父母可以和孩子一起商量解决问题的方法，比如孩子觉得作业太难，父母可以适当地给孩子提供一些辅导；孩子觉得累了，父母可以和孩子约定好休息的时间；孩子不愿意做作业，父母可以从孩子的兴趣入手，不断地引导孩子，激发孩子的学习动力。

第88招　提升孩子在学习上的成就感

当孩子在学习上获得了成就感时，他们就会在学习上更加努力、更加自觉，不再需要父母的提醒和督促。当孩子写完作业时，父母不要只是盯着孩子写错的题，还要看看孩子做对的题，问问孩子："这道题你是怎么做对的？给我讲讲好不好？"在这个过程中，孩子的自信心会得到提高，孩子对学习的兴趣和动力也会被激发，变得更加主动地去学习。

孩子被老师批评后也不做作业，怎么办

放学后，帅帅一回到家就跟妈妈哭诉，说自己讨厌数学老师，不想写数学作业了。妈妈仔细听后，才知道原来是数学老师批评了他。

> 我讨厌数学老师。

> 为什么呀？

> 数学老师批评我了。

> 这有什么可哭的？

> 我不写数学作业了。

案例分析

孩子被老师批评后，会因为自尊心受到伤害而伤心，因为委屈而感到愤怒，由此闹情绪不愿意做作业。有的父母觉得孩子无理取闹，做错了事被批评是应该的，于是也跟着指责孩子。有的父母认为孩子受委屈是无关紧要的，不但不安慰孩子，反而还很不耐烦。父母的这两种做法，只会让孩子感到更生气、更无奈，甚至恼羞成怒，进而影响到学习状态。

好情绪对孩子学习的重要性

情绪会影响人的行为和做事的效率。当我们心情好的时候，做事情会很主动。当我们情绪高涨时，做事情就会很积极、很投入。

孩子也和成年人一样，情绪好的时候，孩子的表现就会很好。而当孩子的情绪不好时，他们全部的注意力就会放在对抗坏情绪上，无法投入学习，这时即使勉强孩子去看书、做作业，效率也会大大地降低。

有些父母不愿意接受孩子的坏情绪。当孩子流露出愤怒、委屈、难过等情绪时，父母会阻止孩子表达，不让孩子把情绪表现出来。这样只会加重孩子的坏情绪，不仅让孩子对遇到的事情产生错误的看法，还会影响孩子的心理状态，从而造成一系列不好的影响。

父母想让孩子热爱学习，就需要帮助孩子保持良好的情绪，这样孩子才能不用额外花费精力去对抗和压抑自己的坏情绪，不受到情绪的困扰，更好地去学习。

被老师批评对孩子而言是一件很大的事情，父母要帮助孩子疏导情绪，引导孩子正确地对待批评，避免一些坏情绪影响孩子的学习。

第89招 ▏ 尝试说出孩子的感受

孩子受到批评时，就可能会对批评他的老师和某门学科产生抵触的情绪。因为不知道如何释放这种情绪，孩子就会用不做作业的方式来发泄情绪。想要疏导孩子的情绪，父母可以试着说出孩子的感受。父母可以说："你是觉得老师当着全班同学的面批评你，让你特别没面子吗？"或者说："你是觉得老师冤枉了你，所以你感觉很委屈吗？"孩子可能会点头附和。当父母把孩子内心的感受说出来后，孩子就会觉得自己得到了认同，内心会更容易平静下来。

第90招 ▏ 让孩子讲述被批评的原因

当孩子的情绪平静下来之后，父母可以向孩子询问被老师批评的原因，让孩子说出他觉得老师哪里做得不对。这时，孩子就会娓娓道来。

在听孩子讲述的过程中，父母一定不要批评和否定孩子，也不要完全相信孩子的话。父母可以在事后找机会和老师沟通，从老师那里了解全面的情况。当下，父母只需要做到理解和倾听，帮助孩子在讲述的过程中把负面情绪释放出来。通过仔细聆听孩子的讲述，父母可以了解孩子的想法，方便采取进一步的措施。

第91招 教孩子正确应对老师的批评

被老师批评后，孩子会很受挫。父母可以让孩子自己去面对这个问题，但是要教会孩子使用正确的方法和策略。

如果孩子确实遭到了老师的误解，父母要教导孩子不要当场顶撞老师，而是应该在事后找机会单独向老师进行解释。如果孩子是因为违反了纪律，做错了事情而被老师批评，孩子还感到愤怒，父母可以引导孩子从老师的角度来看待自己的问题，让孩子反思自己的行为，从而更加理性和客观地看待问题。

孩子因为被批评而不想学习、不想做作业时，父母应该告诉孩子，被老师批评是每个孩子都会遇到的事情，老师的批评可以帮助孩子进步，在学习的道路上，不能因为受了挫折就拒绝学习。父母可以接受孩子的坏情绪，也支持孩子把这些坏情绪合理地发泄出来，但是并不支持孩子不做作业的行为。因为不做作业不仅不利于孩子的学习，还会让情况更糟糕。

孩子不肯写"妈妈牌"作业，怎么办

为了让菲菲提高成绩，妈妈让她每天多写一篇练习题。可是菲菲写完老师布置的作业，就想休息了，一点儿也不愿意多写。

所谓"妈妈牌"作业，指的是父母额外布置的作业。有的父母这样做是想要强化孩子的学习能力，提高孩子的学习成绩。有的父母则是因为对孩子有着较高的期望，希望孩子不落后于人，所以给孩子制定了很多额外的学习任务。然而，几乎所有的孩子都不喜欢"妈妈牌"作业，只不过有些孩子会直接拒绝，有些孩子会用拖延的方式变相"拒绝"。

孩子为什么抗拒"妈妈牌"作业

有的孩子不想写"妈妈牌"作业，是因为想要休息和玩耍。孩子在学校里的学习很紧张，回到家还要完成作业，写完作业就已经很晚了。这时候，孩子就想要休息和玩耍，彻底地放松一下。

有的孩子不想写额外的作业，是因为想要利用课余的时间进行课外阅读、画画、做手工、运动等与兴趣爱好相关的活动。还有些孩子拒绝写额外的作业，则是因为沉溺于不健康的娱乐活动，比如玩游戏、玩手机等。

"妈妈牌"作业的安排要科学合理

如果孩子学习有些吃力，父母给孩子安排一些额外的习题，帮助孩子巩固所学的知识，是很有必要的。不过，除了没有主见的孩子之外，大多数孩子都不会全盘接受额外的作业。这就需要父母摆事实、讲道理，让孩子相信额外的作业确实对他们有所帮助。

额外的作业会占用孩子的业余时间，所以父母打算给孩子安排作业时，要对额外作业的内容和强度进行科学合理的设计，还要和孩子商量好作业安排，这样孩子才不会完全抗拒。

　　尽管孩子不喜欢"妈妈牌"作业，可它又是孩子必须完成的任务。父母可以采用下面的方法，让额外安排的作业既能帮助孩子有效地提升成绩，又能给孩子保留一定的休息和娱乐时间。

第92招 选择难度合适的习题

　　"妈妈牌"作业的意义，并不是把孩子的时间完全占据，给父母带来心理上的安慰，而是有效地帮助孩子巩固知识、提升成绩。额外作业的习题册要少而精，因为过多的作业孩子也未必有时间做。而且，适合别人的题目未必就适合自己孩子，父母要做好筛选。

　　在难易程度上，父母要选择匹配孩子实际学习情况和能力的习题集。如果孩子的基础知识掌握得很好，一些简单的题目总是能够很快做完，并且几乎没有错误或错误很少，父母就不要再给孩子选择基础类的习题集，可以选择进阶类的习题。

　　超出孩子水平太多的题目，父母也不必让孩子做。这类题包括孩子需要花费很长时间才能做完的，出现很多错误的，或是给孩子讲了很多遍，孩子仍然不理解的。难度太大的题目会让孩子崩溃。想让孩子挑战一下自我，父母可以给孩子选择略高于孩子能力的习题。

第93招　让孩子做查缺补漏的单项练习

　　题海战术往往是下策，父母应该让孩子学会高效地做题。孩子的时间有限，在给孩子安排额外的练习时，父母不必让孩子花费大量的时间刷题、写试卷，可以让孩子多做一些查缺补漏的单项练习，进行有针对性的训练，争取在有限的时间内让孩子得到更多的提升。

　　孩子在某些科目上有些薄弱项，比如计算、阅读理解、单词等，父母可以给孩子购买专项的练习册帮助孩子加强学习。如果孩子在做某些题型时特别容易出错，父母可以让孩子多练习这一类题型。同样，在做试卷时，孩子可以选择只做那些经常出错的题目，并不需要把整张试卷都写完。

第94招　让"妈妈牌"作业日常化、碎片化

　　父母可以每天安排一个固定的时间，让孩子完成一些额外的练习，帮助孩子逐渐养成做额外练习的习惯。周一至周五放学后，父母可以让孩子做一些"短平快"的习题，比如一些只需要10～15分钟，最多半小时就能快速写完的题。到了周末，父母可以适当延长练习时间，但是要给孩子留出足够的娱乐时间，其他大量的练习可以留到寒暑假集中完成。

孩子不做作业还说谎，怎么办

上课时，老师检查作业，赫赫说忘带了。老师疑心他说谎，就让他给妈妈打电话，把作业送来。赫赫无奈，最后只好承认自己昨天没写作业。

案例分析

作业是孩子学习过程中不可避免的一项任务，可是，很多孩子不但抵触和逃避作业，甚至频频说谎。孩子的谎言五花八门，最常见的就是对父母说"老师没留作业"，或者"作业已经写完了"等，对老师说的则是"作业忘带了""不记得有作业"，甚至是"宠物把作业咬碎了""家里停电了"等。

孩子不做作业还说谎的原因

真正爱学习的孩子，都非常自觉且认真地做作业。而对学习缺乏兴趣的孩子，没有内在的驱动力，就会想尽一切办法逃避作业，而说谎就是最轻松、方便的手段。

有的孩子在做作业时感到困难，就选择不做作业，以避免面对作业完不成时的挫败感。为了维护自己的自尊心，孩子就会选择撒谎。

还有的孩子说谎，是因为贪玩。学习对于年纪小的孩子来说，是一件很枯燥的事情。孩子为了能不做作业，让自己有更多玩耍的时间，就会对父母和老师撒谎。

说谎是孩子的自我保护机制

很多孩子说谎是出于自我保护的心理。一般孩子进入小学阶段时，已经具备了一定的判断是非的能力，他们知道自己不做作业是不对的，但是又害怕受到父母和老师的批评、指责和惩罚，所以会用谎言来保护自己。而且，说谎还可以帮助孩子掩盖真相、推卸责任，他们可以把没完成作业的原因归咎于别人或外部环境，这样就不用面对学习中的困难和问题。

说谎是一种很不好的习惯，在学习上说谎更是一种对自己不负责任的行为。父母有必要及时帮助孩子纠正这个坏习惯，养成良好的学习习惯。

第95招 了解孩子说谎的原因

发现孩子不做作业还说谎时，父母需要冷静下来和孩子谈谈，了解孩子不想做作业的原因。在沟通期间，无论孩子说了什么，父母都不要发脾气，努力去理解孩子的感受，鼓励孩子自由且诚实地表达。

如果孩子是为了有更多玩耍的时间才不愿意做作业，父母可以用帮助孩子提高做作业的速度、减少给孩子布置额外的作业等方法，让孩子在保质保量完成作业的基础上，拥有足够多玩耍的时间。

如果孩子是因为作业难度大而不愿意做作业，父母可以向老师请教辅导孩子学习的方法，或是让孩子上一些网络辅导课程，帮助孩子补上知识的漏洞。

如果孩子是因为感到学习无聊、乏味而逃避作业，父母可以采用有趣的学习方式，让孩子对学习产生更多兴趣。比如，利用游戏、拼图、卡片等游戏化的工具，带孩子参加户外活动、参观博物馆，引导孩子从互联网中获取知识等，让孩子感受学习的趣味性。当孩子取得进步或好成绩时，父母要及时给予孩子表扬和适当的奖励，激发孩子学习的兴趣。

第96招　明确对说谎的态度

　　在日常教育孩子的时候，父母一定要明确地向孩子表达出自己对说谎的态度，告诉孩子说谎是一种严重的错误行为，会给个人品行抹黑。父母可以给孩子讲一些有关诚信的故事或真实案例，把诚实守信的观念潜移默化地灌输给孩子，帮助孩子树立正确的三观。

　　当孩子觉得说谎可以解决很多问题时，父母就要及时纠正孩子的这种错误观念，通过真实事例让孩子意识到说谎会造成哪些后果，会付出什么代价。

第97招　给孩子适当的惩罚

　　面对孩子的说谎行为，父母除了教导孩子之外，必要时可以采取一些适当的惩罚措施。但是注意不要用罚站、罚跪等体罚方式，这既会伤害孩子的身体，也会损害孩子的自尊心，也不要用罚抄书、罚做家务等惩罚方式，这样会让孩子对学习和做家务产生不好的印象。父母可以用取消给孩子买玩具，或是取消外出游玩的方式，让孩子意识到说谎的严重性。

作业一多就烦躁，怎么办

周末，妈妈接洋洋放学。一路上，洋洋嘴里一直嚷嚷着老师留了一堆作业，真讨厌。回到家，妈妈让他快点儿去写作业，他还发脾气。

　　有的孩子一遇到作业多的情况，就会很不高兴，甚至发脾气和哭闹。父母看到孩子这样，也会很生气、很不耐烦，并先入为主地认为孩子不爱学习，不管三七二十一就逼着孩子把作业写完。这时如果孩子顶嘴，父母还有可能会训斥和打骂孩子。

　　很多时候，孩子觉得老师布置的作业多，但是当他们写起来之后，就会觉得这些作业也没有想得这么多、这么难，自己是可以完成的，只是需要多花些时间，多一点儿耐心而已。

　　孩子因作业多而产生烦躁情绪的背后，有着很多种原因。

作业多孩子就烦躁的原因

　　孩子看见作业多就想放弃，和孩子的畏难情绪有关。这样的孩子有点儿自卑，他们可能会很怀疑自己的能力，具体表现为做作业时总是自我怀疑，担心自己做不好，以及遇到困难时很容易焦虑不安。自卑的孩子常常担心自己无法完成作业，会受到父母和老师的批评，这种焦虑的情绪使他们一看到作业多，就觉得很困难，并萌生不想做作业的念头。

　　对学习感到厌烦的孩子，往往对作业的内容也不感兴趣，觉得做作业是浪费时间。这样的孩子本来就不愿意做作业，作业的数量多了以后，他们就更不愿意写了。时间久了，这些孩子容易出现厌学的情况。

　　有的孩子抗压能力比较强，而有的孩子抗压能力则比较弱，作业稍微多一点儿，他们就会想哭。作业对于抗压能力弱的孩子来说，就是心里的一座大山。这种焦虑反映出了孩子内心的压力和恐慌。

给父母支招

当孩子因为作业多而变得烦躁时，父母可以采用下面的方法帮助孩子提升自信心，让孩子学会面对困难。

第98招 引导孩子合理分配时间

孩子小的时候，并不懂得学习意味着什么。当孩子遇到作业太多的情况时，就会用哭闹来抗拒。这时候，父母要耐心地帮助孩子将作业分解成多个小任务，合理安排好做作业的时间。比如，在孩子精力好的时候集中注意力完成数学作业，在孩子精力比较差的时候完成抄写作业，在早上头脑比较清楚时背诵诗词，到了晚上再复习学过的知识。

有时候，老师当天布置的作业并不一定是第二天要交的，父母可以让孩子先把不着急交的作业放在后面做。如果周五布置的作业比较多，孩子可以把作业分配到周六、周日两天完成。

第99招 引导孩子逐步完成作业

如果孩子不愿意动手做作业，父母可以把完成作业的过程拆分成几个步骤，引导孩子逐步完成。比如，孩子不想写作文时，父母可以先让孩子拟一个作文标题；当孩子拟完标题时，父母再让孩子把作文的提纲写出来；孩子写完提纲之后，父母可以说"现在标题和提纲都有了，要不要把开头写出来"，这时，如果孩子没头绪就休息一下，如果孩子有想法，写着写着就一鼓作气地把作文写完了。等孩子写完作文后，父母可以告诉孩子，事情只要开始做，就没有想象得那么困难了。

孩子觉得作业多的时候，父母也可以告诉孩子，老师留作业是为了帮孩子巩固知识，孩子只要在做的时候尽力就好。完成作业时也不要太着急，有条不紊地、认真地做作业，不用管还剩下多少。如果孩子觉得累了，父母可以让孩子停下来稍微休息一会儿，不要把孩子逼得太紧。

第100招　培养孩子学习的自信心

在孩子平时学习和做作业的过程中，父母不要一看到孩子成绩不好、犯错误、没有完成作业，就马上指责孩子。这会让孩子把学习和作业看成压力很大的事。因为害怕被批评，孩子就习惯性地逃避，对自己也逐渐失去信心。

父母的支持和鼓励对孩子自信心的塑造极为重要。肯定孩子做得对、做得好的地方，夸奖孩子的点滴进步，赞美孩子的优点和长处，都能让孩子感受到莫大的勇气和自信。当孩子失败的时候，父母要给予孩子理解和支持，告诉孩子在学习中遭遇失败是很正常的，只要继续努力，总会有成功的时候。

青蓝